BUDO-BIBLIOTHEK

Pierre Herrmann

Neue Lehrmethoden der Judo-Praxis

ISBN 3 8068 0424 9

© 1977 by Falken-Verlag Erich Sicker KG, 6272 Niedernhausen/Ts.
© der französischen Originalausgabe 1976 by Librairie Arthaud, Grenoble
Fotos: M. Clément, J.-C. Bourguet, M. Roger-Viollet
Umschlagfoto: Heinrich von der Becke, Berlin
Gesamtherstellung: H. G. Gachet & Co., 6070 Langen bei Frankfurt/Main

817 2635 4453 62

Inhalt

Vorwort 8
Geleitwort 9
Einleitung 10
Einige wichtige Erklärungen 13
Die Körperhaltung 13
Die Fallübungen 17

ERSTER TEIL 22

Erste Gruppe 24
   Direkter Angriff im Stand 26
   Direkter Angriff aus der Bewegung 28
   Unaufhörlicher Angriff 28
   Übergang vom Stand in die Bodenlage 30

Zweite Gruppe 31
   Direkter Angriff im Stand 34
   Direkter Angriff aus der Bewegung 36
   Unaufhörlicher Angriff 37
   Angriff – Reaktion – Angriff 38
   Übergang vom Stand in die Bodenlage 40

Dritte Gruppe 41
   Direkter Angriff im Stand 44
   Direkter Angriff aus der Bewegung 46
   Unaufhörlicher Angriff 47
   Angriff – Reaktion – Angriff 48
   Wurfverkettung 50
   Übergang vom Stand in die Bodenlage 52

Vierte Gruppe 53
   Direkter Angriff im Stand 55
   Direkter Angriff aus der Bewegung 56
   Unaufhörlicher Angriff 57
   Angriff – Reaktion – Angriff 58
   Wurfverkettung 60
   Befreiung aus der Beinumklammerung 62

Fünfte Gruppe 65
   Direkter Angriff im Stand 68

Direkter Angriff aus der Bewegung *70*
Angriff – Reaktion – Angriff *72*
Scheinangriff *74*
Nachlaufangriff *77*
Übergang vom Stand in die Bodenlage *78*

Sechste Gruppe *79*
   Direkter Angriff im Stand *82*
   Direkter Angriff aus der Bewegung *83*
   Unaufhörlicher Angriff *84*
   Angriff – Reaktion – Angriff *85*
   Wurfverkettung *86*
   Nachlaufangriff *89*
   Direkter Konterangriff *90*
   Übergang vom Stand in die Bodenlage *92*

Siebente Gruppe *93*
   Direkter Angriff im Stand *98*
   Direkter Angriff aus der Bewegung *100*
   Unaufhörlicher Angriff *101*
   Angriff – Reaktion – Angriff *102*
   Wurfverkettung *104*
   Nachlaufangriff *107*
   Direkter Konterangriff im Stand *108*
   Indirekter Konterangriff *110*
   Übergang vom Stand in die Bodenlage *112*

Gruppe der Fußfegetechniken *113*
   Übersichtstafel *120*

ZWEITER TEIL *123*

Erste Familie *125*
   Angriff – Reaktion – Angriff *128*
   Wurfverkettung *130*
   Scheinangriff *132*
   Direkter Konterangriff *134*
   Indirekter Konterangriff *135*

Zweite Familie *139*
   Angriff – Reaktion – Angriff *142*
   Wurfverkettung *144*
   Scheinangriff *147*

Direkter Konterangriff *148*
Indirekter Konterangriff *150*

Dritte Familie *153*
Angriff – Reaktion – Angriff *156*
Wurfverkettung *158*
Scheinangriff *160*
Direkter Konterangriff *162*
Indirekter Konterangriff *164*

Vierte Familie *165*
Angriff – Reaktion – Angriff *168*
Wurfverkettung *170*
Scheinangriff *173*
Direkter Konterangriff *174*
Indirekter Konterangriff *176*

Fünfte Familie *179*
Angriff – Reaktion – Angriff *182*
Wurfverkettung *185*
Scheinangriff *187*
Direkter Konterangriff *188*
Indirekter Konterangriff *190*

Sechste Familie *193*
Angriff – Reaktion – Angriff *196*
Wurfverkettung *199*
Scheinangriff *201*
Direkter Konterangriff *202*
Indirekter Konterangriff *204*

Siebente Familie *205*
Angriff – Reaktion – Angriff *208*
Wurfverkettung *211*
Scheinangriff *213*
Übergang vom Stand in die Bodenlage *214*
Übergang in die Bodenlage *215*

Trainingstafel *219*

Wortverzeichnis *221*

Vorwort

Während ich an diesem Buch schrieb, habe ich mir gewünscht und erhofft, daß es mir gelingen würde, Ihnen all das zu vermitteln, was ich mir selbst als Anspruch hinsichtlich des theoretischen und praktischen Ziels im Rahmen des Judo-Sports gesetzt habe.

Ohne die freundliche Mitarbeit mehrerer Personen wäre es mir nicht möglich gewesen, dieses Buch zu konzipieren. Insbesondere bedanke ich mich hiermit bei meiner Frau für ihre Ratschläge und liebenswürdige Unterstützung. Ebenfalls schulde ich Herrn Clement Dank für die Realisierung der ausgezeichneten Fotos sowie auch meinen Partnern auf der Matte, Herrn Gaillat, Herrn Combet und Herrn Carminati.

Das vorliegende Buch soll Ihnen ein guter Begleiter sein, nicht nur bei der praktischen Trainingsarbeit auf der Matte, sondern auch in vielen Situationen des täglichen Lebens. Es soll Ihnen als Hilfe dienen, das gewünschte Ziel zu erreichen.

Zuletzt möchte ich noch einen Wunsch aussprechen, der mir ganz besonders am Herzen liegt: Mögen Sie durch den Judosport den Weg zur Aufrichtigkeit, Bescheidenheit und echter Freundschaft finden und möge diese Einstellung auch auf ihre Umwelt ausstrahlen.

In der Hoffnung, daß Sie Judo ebenso lieben lernen wie ich.

Pierre Herrmann

Geleitwort

Amor, der kleine schlaue Gott, wollte, daß der bekannte Pierre Herrmann sich in Frankreich niederließ. Das Judo schuldet sehr viel einer charmanten Grenoblerin. Pierre Herrmann ist einer der wenigen Nichtjapaner, mit dem die Japaner noch in einer nahe zurückliegenden Zeit rechnen mußten. Seine Erfahrungen sind unvergleichlich.

Er kannte alle bekannten Meister seiner Generation. Seine lange Karriere gab ihm eine große Übersicht über das Judo auf dessen höchster Entwicklungsstufe. Sein wirksamer, kraftvoll-dynamischer und reiner Stil, unterstützt von Intelligenz und Selbstbeherrschung, machten aus ihm einen »Grand Monsieur«, der eine ganze Judogeneration repräsentierte.

Herrmann fühlte schon sehr früh, daß es zwischen dem Judounterricht in den meisten Vereinen und dem Leistungssport nicht genügend Verbindung gab. Er wollte den Unterricht aus seinem schwerfälligen Rahmen befreien, um die Basis dafür zu schaffen, daß auch schon Anfänger vom ersten Schritt auf der Matte an mit dem konfrontiert werden, was auf sie sowieso eines Tages zukommt. Herrmann entwickelte – unter Berücksichtigung der wesentlichen Grundlagen – viel Neues, was auch anwendungsbezogen ist. Dies ist das Resultat seiner in tausend Kämpfen erworbenen Überlegung und Erfahrung.

Er verstand es ferner, seine eigene praktische Arbeit in einen pädagogischen Bezugsrahmen umzusetzen, was gewiß keine leichte Sache war.

Pierre Herrmanns Abenteuer ist nicht nur sympathisch, sondern auch fruchtbar für das gesamte Judo. Ich bin sicher, daß alle Judokas damit einverstanden sind, wenn ich ihm an dieser Stelle unseren größten Dank ausspreche für all das, was er uns an Impulsen gegeben hat.

H. Courtine
Technischer Direktor
der F. F. J. D. A.

Einleitung

Das vorliegende Buch ist sowohl als Leitfaden für Judolehrer als auch für Anfänger und Fortgeschrittene gedacht.

Den Anfängern soll es einen Weg zeigen, wie sie das Judo in einer rationellen und progressiven Weise erlernen können, d. h., es soll ihnen ermöglichen, anhand eines bestimmten methodischen Vorgehens entweder in einer kurzen oder auch längeren Zeitperiode das gesteckte Ziel zu erreichen.

Den Fortgeschrittenen, den Kämpfern wie auch den Leistungssportlern, soll es eine größere Perspektive eröffnen über die aktuelle Situation des Judo und seinen Entwicklungsformen. Ebenso gibt es durch die Darstellung zahlreicher Beispiele jedem einzelnen die Möglichkeit, seinen individuellen Judostil aufzubauen und weiter zu entwickeln.

Dem Lehrer soll es als theoretische Ergänzung und methodischer Leitfaden für den Unterricht im Verein oder einer Schule dienen. Es soll ihm helfen, seinen Enthusiasmus auch seinen Schülern zu vermitteln, sie bei ihrer Arbeit zu unterstützen und zu beraten und ihre Entwicklung hinsichtlich qualifizierter Fortschritte zu forcieren.

Das Wettkampfjudo hat sich während der letzten Jahre stark verändert, so daß sich die traditionellen Unterrichtsmethoden nicht immer dieser schnellen Entwicklung anpassen können. Wie auch in vielen anderen Bereichen bedarf daher auch der Unterricht im Judo einer bestimmten Reform, die den veränderten Bedingungen in zweckmäßiger und effektiver Weise Rechnung trägt. Meine eigenen jahrelangen Erfahrungen als Leistungssportler, Pädagoge und Nationaltrainer sowie auch meine Beobachtungen auf Meisterschaften ergaben die Grundlage, auf der ich meine Methode schließlich entwickelt habe. Sie soll es dem Anfänger ermöglichen, die komplizierten Übergänge beim praktischen Lernen leicht und spielerisch zu bewältigen und ihn ferner dazu motivieren, seinen Weg gezielt weiter zu verfolgen.

Meine Methode ist auf der Grundlage einer Analyse der Wettkämpfe aufgebaut und bezieht sowohl die Standtechniken als auch die verschiedenen Angriffs- und Kontertechniken mit ein.

Auf der Grundlage dieser Analyse entwickelte ich eine synthetische Trainingsmethode, damit jeder Judoka sich an einem logischen Aufbau orientieren kann. Ebenso lernt der Anfänger sofort, die entsprechende Technik in eine taktische Vorgehensweise umzusetzen.

Das Judo enthält sehr viele Techniken und verschiedene Angriffs- und Kontermöglichkeiten aus dem Stand. Obwohl es nur ca. zwanzig Angriffstechniken gibt, die sich als sehr effektiv erwiesen haben, werden davon nur sieben Techniken vorrangig von allen Judokas gebraucht, bzw. hat sich jeder Judoka mindestens eine oder auch zwei von den sieben Techniken ausgewählt und diese noch durch zwei oder drei andere Techniken, die er aus dem Gesamtrepertoire übernimmt, ergänzt, um seine Standtechnik zu vervollständigen.

Normalerweise gibt es acht verschiedene Angriffs- und Konterformen, wobei es die Würfe dem Kämpfer ermöglichen – unter Berücksichtigung der jeweiligen Kampfsituation –, diese auch intelligent und zweckmäßig anzuwenden.

Ein Anfänger ist noch nicht in der Lage, sich sofort für die eine oder auch andere Technik definitiv zu entscheiden; er muß zuerst das Judoalphabet erlernen, ehe er sich dann nach einem längeren Studium zu spezialisieren beginnt.

Man muß am Anfang mit elementaren Techniken beginnen: Betrachten wir in diesem Zusammenhang sieben verschiedene Wurfgruppen.

Jede Gruppe enthält eine Haupt- und eine Nebentechnik. Die Würfe sind einfachheitshalber zusammengestellt.

Die erste im Buch vorgestellte Wurfgruppe besteht aus zwei Würfen, unter Anwendung von zwei verschiedenen Angriffsformen; sie wird im Rahmen mehrerer Kampfsituationen erlernt.

Es folgt dann die zweite Gruppe, die aus zwei neuen Techniken besteht, unter Anwendung der zwei schon erlernten Angriffsformen und unter Hinzunahme einer weiteren dritten Angriffsform.

Dieser Aufbau wird systematisch weiterentwickelt, so daß die siebente Wurfgruppe unter Anwendung von acht verschiedenen Angriffs- und Konterformen erlernt wird. Jede Wurfgruppe schließt den Übergang vom Stand in die Bodenlage mit einem der fünf fundamentalen Haltegriffe ab.

Der erste Teil des Buches schließt mit dem Erlernen von vier Fußtechniken ab: Diese werden erst zum Schluß erlernt, da das Beherrschen und der korrekte Einsatz der Hüftbewegung (des Hüftimpulses), als Voraussetzung insbesondere der Anwendung von Fußfegetechniken, einen fundamentalen Stellenwert für jeden Judoka besitzt.

Nach Beendigung des praktischen Studiums, wie es im ersten Teil des Buches entwickelt ist, kann der Judoka dann daran denken, sich zu spezialisieren (zweiter Teil).

Er wählt aus dem ersten Teil eine von ihm besonders bevorzugte Wurfgruppe aus und erweitert sie dann zu einer Wurffamilie – unter Beibehaltung der Fußfegetechniken.

In dieser Perspektive beginnt der Schüler ein Spezialtraining zu absolvieren, indem er innerhalb seiner Wurffamilie sein individuelles Judo aufbaut.

Jigoro Kano (1860–1938), Begründer des Judo, während einer Sitzung des Internationalen Olympischen Komitees 1935 in Wien.

Einige wichtige Erklärungen, um Judo zu erlernen

Judo wurde in Japan von Jigoro Kano begründet und in der ganzen Welt bekannt.
Die japanischen Ausdrücke im Judo sind nicht verändert worden; sie erleichtern es, sich international zu verständigen.
Bevor das praktische Judostudium beginnt, ist es notwendig, die wichtigsten Grundbegriffe zu kennen, insbesondere einige japanische Bezeichnungen, die ständig verwendet werden.

TORI: der Ausführende. Dieses Wort kommt von toreru = nehmen, greifen.

UKE: der Geworfene. Dieses Wort kommt von ukeru = erleiden, empfangen.

Die im Buch gezeigten Würfe sind *nach rechts* abgebildet; einige Ausnahmen, die nach links abgebildet sind, werden besonders gekennzeichnet.
Eine rechte Wurfausführung bedeutet, daß das Gleichgewicht von UKE nach rechts (nach vorne, hinten oder zur Seite) gebrochen wird.

Die Körperhaltung (SHIZEI)

Die Grundstellung (SHIZEN HONTAI)

TORI steht aufrecht, die Beine sind in Schulterbreite gespreizt, die Knie leicht gebeugt.
TORI verlagert sein Körpergewicht auf seine Fußballen (dabei wird aber die ganze Fußsohle auf die Matte aufgesetzt).

Geht TORI mit seinem rechten Fuß einen halben Schritt nach vorne, so sprechen wir vom MIGI SHIZEN HONTAI. Geht er mit seinem linken Fuß einen halben Schritt nach vorne, befindet er sich im HIDARI SHIZEN HONTAI.

Diese Grundstellungen ermöglichen es TORI, sich leicht und locker auf der Matte zu bewegen. Er kann schnell einen Angriff starten und ebenso schnell seine Verteidigungsstellung einnehmen.

Die klassische Verteidigungsstellung (JIGOTAI)

TORI spreizt seine Beine und beugt die Knie, wodurch er seinen Schwerpunkt tief nach unten verlagert. Die Bauchmuskeln werden angespannt. Diese Verteidigungsstellung erlaubt es nicht immer, von der eingenommenen Verteidigungsposition sofort in eine Angriffsstellung überzuwechseln. Dadurch kann ein flexibles und effektives Vorgehen verhindert werden.

Eine zweckmäßige Verteidigungsstellung

TORI verteidigt sich gegen UKEs Angriffe, indem er von der SHIZEN-HONTAI-Stellung in eine zweckmäßigere Position übergeht. Er beugt seine Knie und spannt seine Bauchmuskeln an, und zwar in dem Moment, da UKE zum Angriff übergeht. Dann dreht er seine linke Hüftseite nach vorne gegen UKE und sein linkes Knie etwas nach innen. Die Position seines Oberkörpers wird dabei nicht verändert.

Der Griff des Judogi (KUMI KATA)

»Erfasse kraftvoll den Partner mit den Händen und lasse den Körper entspannt.«

Der Judoanzug des Partners muß mit beiden Händen sicher erfaßt werden, um einen Wurf erfolgreich anwenden zu können. Das Gebiet der KUMI KATA ist in den letzten Jahren stark weiter entwickelt worden. Man spricht heutzutage auch vom »Kampf um den besten Griff«. Sicher ist es, daß derjenige, der den besten Griff hat, den Kampf mit einem größeren Vorteil beginnt.

TORI zwingt UKE mit einer guten KUMI KATA sofort in eine Verteidigungsstellung, ohne dabei einen einzigen Angriff auszuführen.

Es erscheint auf den ersten Blick leicht zu sein, den Judogi des Gegners zu erfassen; ihn aber vorteilhaft zu ergreifen, erweist sich als schwierig.
Es ist ferner sehr wichtig, daß bei der Ausführung der KUMI KATA die eigenen Körperbewegungen und das Bewegen auf der Matte optimal koordiniert werden.
TORI beginnt mit einer Schrittbewegung; er zieht oder drückt UKE im gleichen Moment und behält dabei seine sichere Körperhaltung bei (dabei unterstützt der ganze Körper diese Aktion).

Die Körperdrehungen (TAI SABAKI)

Das Verändern der Grundstellung um die eigene Achse in allen Richtungen. TORI dreht sich nach links und rechts, nach vorne und nach hinten, mit gleichen Schritten und ohne seine Beine zu kreuzen.

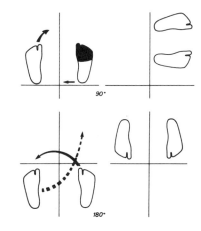

Das Bewegen auf der Matte

Es ist notwendig, zu wissen und dies auch praktisch zu beherrschen, wie man sich in effektiver Weise auf der Matte bewegt, d. h. sowohl sicher als auch flexibel. Man muß in der Lage sein, seinen Angriff zu jedem Zeitpunkt zu starten, wie auch sofort wieder die Verteidigungsstellung einzunehmen.
Dieser Lernabschnitt stellt den Anfänger vor einige Schwierigkeiten, da ihm ja noch die Übung und Erfahrung fehlt.
Während der Bewegung auf der Matte führen beide, TORI und UKE, ihre Schrittbewegungen aus, ohne daß dabei die Füße den Kontakt mit der Matte verlieren. Dies ist ein geschmeidiges Gleiten (AYUMI ASHI).
Zwei Grundbewegungen müssen unbedingt erlernt und richtig beherrscht werden:

Der Nachstellschritt (TSUGI ASHI)

»Ein Bein stößt das andere weiter.«
TORI geht mit seinem rechten Bein nach rechts, zieht sein linkes Bein dicht neben das rechte und läßt sofort sein rechtes Bein weiter nach rechts schnellen.
Diese Bewegungen sind möglich: nach vorne, nach hinten, zur Seite und in diagonaler Richtung.
TORI kann auf diese Weise angreifen wie auch UKEs Angriffen ausweichen.

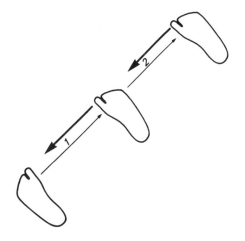

sten beiden Begriffe können auch vertauscht werden. Dies gilt für Angriffe im Stand sowie auch aus der Bewegung. Diese drei Prinzipien sind permanent zu üben, bis der Körper soweit geschult ist, daß er automatisch reagiert und somit ein technisch einwandfreier Bewegungsablauf garantiert ist.

SHIZEI, KUMI KATA, TAI SABAKI und TSUGI ASHI in koordinierter Form angewandt.

TORI hat sein Körpergewicht leicht auf seine Fußballen verlagert und erfaßt dann UKEs Judogi (siehe dazu KUMI KATA S. 25). Er lehnt sich etwas nach vorne und überträgt sein Körpergewicht auf UKE. Dadurch wird dieser leicht blockiert. TORIs Körper bleibt dabei entspannt und kann sich so flexibel bewegen. TORI kann UKE blitzartig angreifen, ohne dabei seine Aktion zu »signalisieren«. Dies ermöglicht es ihm, UKEs Bewegungen und Angriffe stets zu kontrollieren.
TORI kann UKE ebenfalls nach vorne und unten ziehen (leichtes Anhängen); empfehlenswert für kleine Kämpfer.

Gleichgewichtsbrechung = KUZUSHI
Eingang oder Vorbereitung zum Wurf = TSUKURI
Abwurf = KAKE

Aus diesen drei Phasen setzte sich ein vollständiger Wurf zusammen. Die er-

KUZUSHI

TORI bricht UKEs Gleichgewicht, indem er ihn zieht oder in eine bestimmte Richtung drückt oder auch mit einer Hand zieht und mit der anderen drückt oder stößt. Die Arme, Beine oder der ganze Körper sind dabei beteiligt. Eine bekannte Aktion besteht darin, UKE schnell mit den Händen nach vorne aus seinem Gleichgewicht zu angeln (TSURI).

TSUKURI

Darunter versteht man den Eingang oder die Vorbereitung zum Wurf. TORI dreht sich unter UKEs Schwerpunkt mit einer TAI SABAKI oder TSUGI-ASHI-Bewegung zum Wurf ein, wobei er UKEs Gleichgewicht weiter in die gewünschte Richtung bricht.

KAKE

Die beiden ersten Phasen (KUZUSHI und TSUKURI) sind die schwierigsten. Ist UKEs Gleichgewicht stark gebrochen, und steht TORI sicher in Wurfposition, so ist es nicht mehr schwierig, UKE abzuwerfen (KAKE). TORI hat UKE gegenüber die Verpflichtung, den Abwurf bis zur Endphase zu kontrollieren, damit keine Verletzungen auftreten.

Die Fallübungen (UKEMI)

Wenn Sie mit dem Judostudium beginnen, so erlernen sie zu allererst das richtige Fallen. Fallen ist leicht, aber ein richtiges Fallen muß intensiv geübt werden. Beide Übungspartner sind bestrebt, sich gegenseitig oft zu werfen, um schnelle Fortschritte in der Fallschule zu machen. Die Fähigkeit, das richtige Fallen gut zu beherrschen, gibt ihnen maximale Sicherheit und Körperentspannung. Ihre körperliche Sicherheit und Entspanntheit gibt auch ihrem Partner die Möglichkeit, schnelle Fortschritte machen zu können, da sich ihr Körper nicht gegen seine Übungsangriffe sträubt. Prinzip aller Fallübungen ist es, den Aufprall für den Körper dadurch zu mildern, daß man die Wucht des Fallens auf den ganzen Körper verteilt (je größer die Fläche, um so kleiner die Deformation). Beim Aufschlagen des Körpers ist kräftig auszuatmen (also keine Luftpressung), damit keine Verkrampfungen eintreten.

Drei verschiedene Fallübungen

1. nach hinten
2. nach vorne
3. zur Seite

1. Fallübung nach hinten

TORI legt sich auf den Rücken und hebt dabei seine Arme, Beine und seinen Kopf etwas an.

Er schlägt gleichzeitig mit beiden Handflächen und Unterarmen stark auf die Matte, wobei er kräftig ausatmet.

Rollen nach hinten

TORI hockt sich auf die Matte, hält seine Arme horizontal nach vorne und drückt sein Kinn auf die Brust.

Er läßt sich nach hinten abrollen.

Im Moment, da er mit seinem Rücken die Matte berührt, schlägt er gleichzeitig mit beiden Händen und Unterarmen kräftig auf die Matte. Dadurch wird eine weitere Rollbewegung nach hinten unterbrochen.

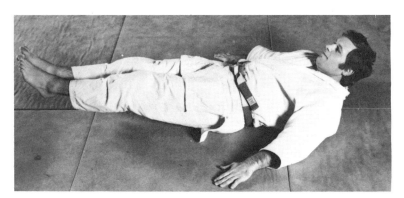

2. Rollen nach vorne

TORI kniet sich auf die Matte; sein rechtes Knie ist dabei etwas vor dem linken. Mit beiden Händen stützt er sich nach vorne auf die Matte auf und drückt sein Kinn auf seine linke Brustseite.

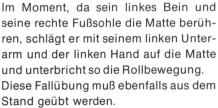

Er schwingt sein linkes Bein nach hinten oben und rollt nach vorne über seinen rechten Arm, seine rechte Schulter und diagonal über seinen Rücken auf die andere Körperseite.

Im Moment, da sein linkes Bein und seine rechte Fußsohle die Matte berühren, schlägt er mit seinem linken Unterarm und der linken Hand auf die Matte und unterbricht so die Rollbewegung.
Diese Fallübung muß ebenfalls aus dem Stand geübt werden.
TORI geht mit seinem rechten Bein nach vorne, beugt seine Knie und setzt seine beiden Handflächen auf die Matte. Er rollt über seinen rechten Arm nach vorne ab und schwingt gleichzeitig sein linkes Bein nach hinten oben.

3. Fallübung seitwärts

UKE befindet sich rechts neben TORI und hält ihn mit seiner linken Hand am rechten Jackenärmel fest.
TORI beugt seine Knie.

Er läßt sich kreisförmig nach hinten rechts auf seine linke Körperseite fallen und fängt seinen Fall durch einen Aufschlag mit dem linken Arm auf die Matte ab.

UKE hält TORI bis zum Ende seiner Fallübung leicht am Ärmel fest. Ferner kontrolliert er TORIs Fall und gibt ihm Hinweise, wie er seine Endposition verbessern kann.

Erster Teil

Eine Übersichtstafel des ersten Teiles, die Ihnen einen allgemeinen Überblick über den ersten Lernabschnitt meiner Methode gibt.

Wurfgruppen \ Verschiedene Angriffs- und Konterformen	Direkter Angriff	Unaufhörlicher Angriff	Angriff – Reaktion – Angriff	Wurfverkettung	Scheinangriff	Nachlaufangriff	Direkter Konterangriff	Indirekter Konterangriff	Übergang vom Stand in die Bodenlage
1 IPPON SEOI NAGE – KO UCHI GARI	■	■							■
2 MOROTE SEOI NAGE – H. SEOI OTOSHI	■	■	■						
3 TSURI KOMI GOSHI – O UCHI GARI	■	■		■					
4 TAI OTOSHI – O UCHI GARI	■	■		■					
5 O SOTO GARI – H. SASAE TSURI KOMI ASHI	■	■			■		■		■
6 HARAI GOSHI – O SOTO OTOSHI	■	■				■		■	
7 UCHI MATA – H. TANI OTOSHI	■	■				■		■	■

IPPON SEOI NAGE

KO UCHI GARI

Erste Gruppe

IPPON SEOI NAGE – KO UCHI GARI

a) Kumi kata
b) Direkter Angriff im Stand und aus der Bewegung
c) Unaufhörlicher Angriff
d) Übergang vom Stand in die Bodenlage in
KUZURE KAMI SHIHO GATAME

Erklärungshinweis zu den ersten beiden Angriffsformen

Direkter Angriff

Diese Angriffsform ist leicht zu verstehen. TORI greift UKE mit einer Technik an, wobei er die drei Phasen KUZUSHI, TSUKURI und KAKE anwendet. Der direkte Angriff kann im Stand oder auch aus der Bewegung praktiziert werden.

Unaufhörlicher Angriff

Dies ist eine Weiterführung des direkten Angriffs mit derselben Technik. Damit TORI diese Angriffsform schnell und richtig erlernt, muß UKE am ganzen Bewegungsablauf aktiv teilnehmen.
TORI dreht sich zum Wurf ein; UKE gibt Widerstand im Moment der Körperberührung. TORI gibt seinen Angriff nicht auf, sondern versucht durch Verändern seiner Standposition und starkes Ziehen oder Drücken zum Wurferfolg zu kommen. UKE versucht gegen TORI 5 Sekunden lang Widerstand zu leisten, ehe er sich werfen läßt.

IPPON SEOI NAGE – dies ist ein Schulterwurf mit einer Hand und gehört zur Gruppe der TE WAZA.
TORI dreht sich vor UKE tief ein und zieht ihn mit seiner linken Hand nach vorne über seine rechte Schulter. Diese Technik wird besonders von kleinen Kämpfern bevorzugt, da diese sich leicht mit ihrem Körper unter den Schwerpunkt des Gegners eindrehen können.

KO UCHI GARI – diese Technik gehört zur Gruppe der Fuß- oder Beinwürfe (ASHI WAZA). UKE wird von TORI durch starkes Drücken nach hinten aus dem Gleichgewicht gebracht. Durch Wegsicheln seines rechten Fußes von innen nach vorne wird er von TORI nach hinten rechts geworfen.

KUMI KATA

TORI erfaßt mit seiner linken Hand UKEs rechten Jackenärmel an der Innenseite in Ellbogenhöhe.
Mit der rechten Hand erfaßt er UKEs linkes Revers in Brusthöhe. Seine Arme sind dabei leicht angewinkelt.

Oder:

TORI rafft mit seiner linken Hand UKEs Judogi und rechten Ärmel etwas unterhalb der Schulter zusammen.

Direkter Angriff im Stand

IPPON SEOI NAGE

TORI zieht UKE mit beiden Händen nach vorne und geht dann mit seinem rechten Fuß einen halben Schritt nach vorne links. Rechte Fußspitze zeigt nach links. TORI dreht sich über seinen rechten Fußballen nach vorne links und zieht seinen linken Fuß neben seinen rechten. Dann dreht er sich auf seinem rechten Fuß weiter nach links herum.

TORI schwingt im selben Moment seinen rechten Oberarm von unten nach oben gegen UKEs rechte Achselhöhle, wobei er UKE nach vorne gegen sich zieht. Er dreht seine Hüfte unter UKEs Schwerpunkt weiter nach rechts.

Durch schnelles Strecken der Beine und starkes Ziehen der Hände nach vorne, wirft TORI UKE über seine rechte Schulter nach vorne auf die Matte. TORI dreht sich beim Abwurf mit seinem Oberkörper nach unten links schraubenförmig zur Matte.

Direkter Angriff im Stand

KO UCHI GARI

TORI geht einen halben Schritt mit seinem rechten Fuß nach vorne links und zieht UKE im selben Moment mit seinen Händen nach rechts oben.

TORI zieht sein linkes Bein dicht neben das rechte und schwingt dann sein rechtes Bein sofort weiter nach vorne zwischen UKEs beide Beine.

Er drückt gleichzeitig seinen rechten Unterarm von unten nach oben gegen UKEs rechte Achselhöhle und drückt sich über sein linkes Bein nach vorne gegen UKE.

TORI sichelt nun mit seiner rechten Fußsohle UKEs rechtes Bein kreisförmig von innen nach vorne weg.

Direkter Angriff aus der Bewegung

UKE geht mit seinem rechten Bein nach vorne; TORI geht mit seinem linken Fuß kreisförmig hinter sein rechtes Bein (seine linke Fußspitze zeigt dabei nach links).

IPPON SEOI NAGE

Im Moment, da UKE seinen rechten Fuß auf die Matte setzt, zieht TORI UKE nach vorne und dreht sich auf seinem linken Fußballen zum Wurf ein. Er geht dann mit seinem rechten Fuß kreisförmig nach vorne vor UKEs rechte Fußspitze.

KO UCHI GARI

UKE hat seinen rechten Fuß noch nicht aufgesetzt. TORI schwingt – ehe UKE mit seiner rechten Fußsohle die Matte berührt – seine rechte Fußsohle von innen gegen das nach vorne kommende rechte Bein und sichelt es nach vorne weg. TORI wirft sich mit seinem Körper nach vorne gegen UKE.

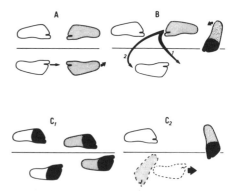

Unaufhörlicher Angriff

TORI dreht sich zu IPPON SEOI NAGE ein. UKE leistet Widerstand, und zwar in dem Moment, wo es zum Körperkontakt kommt.

TORI kommt nicht gleich zum Wurferfolg und versucht jetzt, UKE mit Kraft und durch leichtes Verändern seiner Standposition zu werfen. Zum Beispiel kann TORI seinen Körper noch weiter unter UKEs Schwerpunkt schieben; er drückt seine Hüfte noch weiter nach rechts und rutscht auf seinen Füßen kreisförmig nach vorne links herum.

TORI setzt zum Ko uchi gari an. UKE leistet Widerstand, indem er seinen rechten Fuß fest auf der Matte aufsetzt. TORI ist jetzt nicht in der Lage, UKEs rechtes Bein nach vorne wegzusicheln. TORI zieht mit seiner rechten Fußsohle stark gegen UKEs rechtes Bein (von hinten nach vorne). Er bewegt sich mit kleinen Sprüngen auf seinem linken Bein nach vorne und wirft UKE nach hinten.

Übergang vom Stand in die Bodenlage in KUZURE KAMI SHIHO GATAME

TORI wirft UKE mit IPPON SEOI NAGE, wobei er sich nach vorne links spiralförmig zur Matte dreht, ohne dabei den Körperkontakt mit UKE zu verlieren.

TORI erfaßt mit seiner rechten Hand UKEs Kragen am Rücken, schiebt seinen linken Fuß nach vorn und dreht sich mit seinem Körper nach vorne gegen UKE.

TORI schiebt seine linke Hand auf der Matte dicht unter UKEs Körper nach vorne und erfaßt UKEs Gürtel an der linken Körperseite.

Zweite Gruppe

MORAOTE SEOI NAGE – HIDARI SEOI OTOSHI

a) KUMI KATA
b) Direkter Angriff im Stand und aus der Bewegung
c) Unaufhörlicher Angriff
d) Angriff – Reaktion – Angriff
e) Übergang vom Stand in die Bodenlage in
   KUZURE YOKO SHIHO GATAME

Betrachten wir jetzt die Form:

Angriff – Reaktion – Angriff

TORI hat zwei Würfe, die nach verschiedenen Richtungen ausgeführt werden, mit dem selben Eingang bis zu einem bestimmten Punkt erlernt.

TORI greift UKE mit einer Technik an, wobei er das Prinzip des direkten oder unaufhörlichen Angriffs anwendet. UKE leistet Widerstand, um nicht geworfen zu werden. TORI gibt seinen Angriff auf und geht in seine Ausgangsstellung zurück. Er greift UKE jetzt mit einer anderen Technik an, und zwar in diejenige Richtung, wohin UKE reagiert. Da sich die Eingänge der beiden Techniken gleichen, glaubt UKE, daß er wieder mit derselben Technik angegriffen wird; er reagiert deshalb wie gegen den ersten Angriff. TORI nutzt UKEs Verteidigungsbewegung aus und wirft ihn in seine Reaktionsrichtung.

MOROTE SEOI NAGE

Dies ist ein Schulterwurf mit beiden Händen und gehört zur Gruppe der TE WAZA.
TORI dreht sich vor UKE tief ein und drückt seinen rechten Unterarm von unten nach oben gegen UKEs rechte Achselhöhle. Er zieht UKE mit beiden Händen nach vorne über seine rechte Schulter.
Im Moment der Gleichgewichtsbrechung, beugt sich TORI weiter nach vorne und streckt schnell seine Beine durch. Dadurch wird UKE nach vorne geworfen.

HIDARI SEOI OTOSHI

Dies ist eine Variation des IPPON SEOI NAGE. TORI dreht sich nach vorne rechts herum ein – wie zum H. IPPON SEOI NAGE, mit dem Unterschied, daß er mit seinem linken Bein weit nach links geht und das linke Bein von UKE von vorne unterhalb des Knies blockiert.
TORI zieht UKE nach vorne, streckt seine Beine durch und wirft UKE nach vorne ab.

KUMI KATA

TORI erfaßt mit seiner linken Hand UKEs rechten Ärmel (wie beim IPPON SEOI NAGE).

Mit der rechten Hand erfaßt TORI UKEs linkes Jackenrevers in Brusthöhe (etwas tiefer als beim IPPON SEOI NAGE). Er hat zwei Möglichkeiten UKEs linken Arm zu kontrollieren:

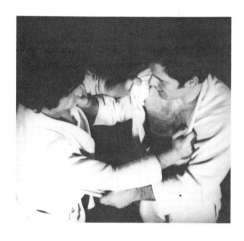

a) TORI drückt mit seinem rechten Ellenbogen von innen und unten nach außen gegen UKEs linken Ellenbogen;

b) TORI erfaßt mit seiner rechten Hand über UKEs linken Arm das Revers, und zwar so, daß sein rechter Ellenbogen von oben und innen gegen UKEs linken Arm nach außen drückt.

Direkter Angriff im Stand

MOROTE SEOI NAGE

TORI geht mit seinem rechten Fuß nach vorne links und angelt dabei UKE mit seinen Händen nach vorne und oben.

TORI dreht sich über seine rechte Fußspitze weiter nach vorne links herum und zieht seinen linken Fuß dicht neben den rechten.
Mit dem rechten Unterarm stößt TORI von unten nach oben gegen UKEs rechte Achselhöhle.
TORI geht tief in die Knie und zieht UKE mit beiden Händen weiter nach vorne.

Im Moment, da UKE sein Gleichgewicht nach vorne verliert, streckt TORI schnell seine Beine durch und dreht sich nach vorne links spiralförmig zur Matte.

Direkter Angriff im Stand

HIDARI SEOI OTOSHI

TORI zieht UKE mit seiner rechten Hand am linken Revers schnell nach vorne und geht gleichzeitig mit seinem linken Fuß nach vorne vor UKEs Beine.

Er schwingt seinen linken Oberarm von unten nach oben gegen UKEs linke Achselhöhle und zieht sein rechtes Bein dicht neben das linke. TORI geht dann sofort mit seinem linken Bein weiter und plaziert es von außen hinter UKEs linkes Bein (und zwar gebeugt unterhalb UKEs linker Kniescheibe).

TORI zieht UKE weiter nach vorne links und dreht sich dann nach vorne rechts herum zur Matte. TORI streckt schnell seine Beine und wirft UKE nach vorne.

Direkter Angriff aus der Bewegung

UKE geht mit seinem rechten Fuß nach hinten. TORI folgt dieser Bewegung mit seinem rechten Fuß nach vorne links.

MOROTE SEOI NAGE

TORI zieht UKE schnell nach vorne rechts, stellt seinen linken Fuß dicht hinter seinen rechten und dreht sich zum Wurf ein.

H. SEOI OTOSHI

TORI dreht sich über seinem rechten Fußballen kreisförmig nach rechts herum zum Wurf ein. Er zieht UKE mit seiner rechten Hand unaufhörlich nach vorne. Im Moment, da er sein linkes Bein an UKE vorbeischwingt, hüpft TORI auf seinem rechten Fußballen nach vorne rechts herum.

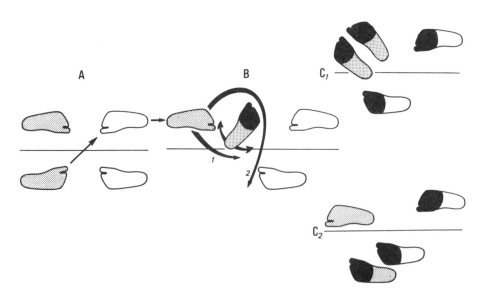

Unaufhörlicher Angriff

TORI dreht sich zum MOROTE SEOI NAGE ein. UKE leistet im Moment der Körperberührung Widerstand.
TORI kommt nicht gleich zum Wurferfolg, versucht aber trotzdem, UKE durch starkes Ziehen nach vorne und durch Stellungsveränderung zu werfen.

Dieses Prinzip wird ebenfalls für H. SEOI OTOSHI angewandt.
TORI geht mit seinem linken Knie auf die Matte herunter und zieht UKE, der sich sträubt, mit seinem Körper nach vorne (Gleichgewichtsbrechung).

Angriff – Reaktion – Angriff

TORI greift UKE so stark wie möglich mehrmals mit MOROTE SEOI NAGE an.
TORI kommt nicht zum beabsichtigten Wurferfolg, da UKE sich stark gegen TORIs Angriffe verteidigt. UKE beugt seine Knie und schiebt seine linke Hüftseite nach vorne gegen TORI.
UKE wird gezwungen, eine bestimmte Verteidigungsstellung einzunehmen.

TORI geht in seine Ausgangsposition zurück. Um von UKEs starker Gegenreaktion zu profitieren, realisiert TORI denselben Eingang für H. SEOI OTOSHI wie für MOROTE SEOI NAGE (vgl. Bild links und Mitte).

UKE reagiert stark gegen den vermeintlichen MOROTE SEOI NAGE. TORI dreht sich nun aber entgegen UKEs Erwartung kreisförmig nach vorne links zum H. SEOI OTOSHI ein und kann so UKE nach vorne links werfen.

Wichtig:

Im Moment, da TORI sich nach links über seinem rechten Fuß zum Wurf eindreht, hüpft er gleichzeitig auf seinem rechten Fuß nach vorne und rechts herum und taucht mit seinem Körper unter UKEs Schwerpunkt.

Übergang vom Stand in die Bodenlage in YOKO SHIHO GATAME

TORI wirft UKE mit MOROTE SEOI NAGE und folgt dann UKE in die Bodenlage, ohne dabei den Körperkontakt aufzugeben.

TORI drückt sich mit seinem Körper gegen UKE und rutscht mit seinen Beinen nach unten, wodurch er UKE auf derselben Stelle fixiert.
Er geht mit seinem linken Bein nach vorne und dreht sich mit seinem Körper gegen UKE.
TORI erfaßt mit seiner linken Hand UKEs Judogi am Rücken.
Mit seiner rechten Hand ergreift er UKEs linkes Hosenbein von innen und unten zwischen den Beinen.

Dritte Gruppe

TSURI KOMI GOSHI – O UCHI GARI

a) KUMI KATA
b) Direkter Angriff im Stand und aus der Bewegung
c) Unaufhörlicher Angriff
d) Angriff – Reaktion – Angriff
e) Wurfverkettung
f) Übergang vom Stand in die Bodenlage in KESA GATAME

Erläuterung der neuen Angriffsform (Wurfverkettung)

TORI verkettet zwei oder auch drei Würfe miteinander, ohne die Übergänge zu unterbrechen.
UKE hat zwei Möglichkeiten, sich zu verteidigen:
a) UKE blockiert TORIs Angriff,
b) UKE versucht dem Angriff auszuweichen.

a) TORI greift UKE mit einer Technik an. UKE leistet starken Widerstand, und TORI geht sofort zu einer zweiten Technik über, die in UKEs Verteidigungsrichtung verläuft.
b) UKE weicht dem ersten Angriff von TORI aus. TORI greift sofort weiter mit derselben oder auch einer anderen Technik an.

TSURI KOMI GOSHI

Dies ist eine Hüfttechnik und gehört zur Gruppe der KOSHI WAZA.
TORI wirft UKE über seine vorgestellte Hüfte nach vorne. Diese Technik ist insbesondere für den Anfänger sehr wichtig: Dabei wird die Grundbewegung der Hüfte geschult, die auch für alle später folgenden Techniken fundamental ist.

O UCHI GARI

Dies ist eine Fuß- oder Beintechnik (ASHI WAZA), die sehr effektiv ist – sowohl für kleine als auch für große Judokas. Bei O UCHI GARI erfolgt der Wurf nach hinten.
TORI sichelt mit seinem rechten Bein UKEs linkes Bein von innen und hinten nach vorne weg und drückt ihn mit seinen Händen und seinem Körper nach hinten.

KUMI KATA

Der Griff für diese Wurfgruppe wird ebenso ausgeführt wie der in der vorhergehenden Wurfgruppe für MOROTE SEOI NAGE.

Eine weitere Möglichkeit: TORI erfaßt UKEs Judogi mit beiden Händen in Brusthöhe (Revers und Jackenaufschläge werden zusammengerafft).

Direkter Angriff im Stand

TSURI KOMI GOSHI

TORI angelt UKE mit beiden Händen schnell nach vorne und stellt seinen rechten Fuß eine halbe Schrittlänge vor UKEs Beine.
Dann zieht er seinen linken Fuß neben seinen rechten, zieht UKE gegen seine rechte Körperseite und dreht sich nach vorne links herum zum Wurf ein.
TORI schiebt seinen rechten gebeugten Unterarm von unten nach oben gegen UKEs linke Achselhöhle und dreht seine Hüfte weiter nach links herum.
TORI zieht UKE mit seiner linken Hand und stößt ihn mit seinem rechten Unterarm nach vorne über seine vorgeschobene Hüfte, streckt dann schnell seine Beine und wirft UKE nach vorne ab.

Direkter Angriff im Stand

O UCHI GARI

TORI angelt UKE mit beiden Händen nach vorne (und nach oben) und führt dann eine rechte Schrittbewegung nach vorne aus.

Er zieht sein linkes Bein dicht an sein rechtes heran und schwingt sein rechtes Bein zwischen die Beine von UKE. Im gleichen Moment zieht er UKE mit seiner linken Hand nach vorne und drückt ihn mit seinem rechten Unterarm nach hinten gegen die Matte.

TORI sichelt mit seinem rechten Bein UKEs linkes Bein kreisförmig von hinten nach vorne her weg und stößt UKE dann mit seiner rechten Hüftseite weiter nach hinten.

Direkter Angriff aus der Bewegung

UKE geht mit seinem rechten Bein zur Seite oder nach hinten. TORI folgt dieser Bewegung, indem er mit seinem rechten Bein nach vorne links geht.

TSURI KOMI GOSHI

TORI zieht UKE im selben Moment nach vorne rechts, stellt sein linkes Bein neben das rechte und dreht sich dann nach vorne links herum zum Wurf ein.

O UCHI GARI

TORI zieht sein linkes Bein dicht neben das rechte; er schnellt letzteres nach vorne zwischen beide Beine von UKE. TORI dreht sich jetzt nach vorne rechts herum gegen UKE und sichelt mit seinem rechten Bein UKEs linkes Bein von hinten nach vorne weg.

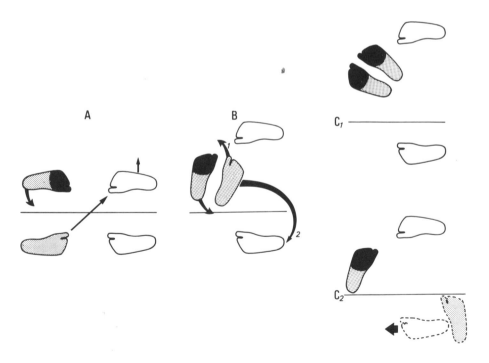

Unaufhörlicher Angriff

TORI greift UKE mit O UCHI GARI an. UKE wehrt diesen Angriff in dem Moment ab, da TORI das linke Bein von UKE nach vorne wegsicheln will. TORI gelangt nicht gleich zum Wurferfolg. TORI rutscht auf seinem linken Fuß nach vorne gegen UKE und versucht, mit seinem rechten Bein das sperrende linke Bein von UKE von hinten nach vorne wegzusicheln.

Dieses Angriffsprinzip wird ebenfalls für TSURI KOMI GOSHI angewandt (siehe Erklärung zum MOROTE SEOI NAGE).

Angriff – Reaktion – Angriff

TORI greift UKE mehrmals so stark wie nur möglich mit TSURI KOMI GOSHI an.
UKE sperrt TORIs Angriff, indem er TORI nach hinten zieht und seine Knie beugt.
Durch TORIs Angriffe nach vorne wird UKE gezwungen, stark nach hinten zu reagieren.

TORI hat seine Ausgangsstellung für den Angriff wieder eingenommen und versucht jetzt, UKE nach hinten in seine Reaktionsrichtung zu werfen.
Er führt denselben Eingang zum O UCHI GARI aus, wie vorher zum TSURI KOMI GOSHI.

UKE, der jetzt wieder einen TSURI-KOMI-GOSHI-Angriff erwartet, reagiert stark nach hinten. TORI nutzt UKEs Rückwärtsbewegung aus und wirft diesen nach hinten mit O UCHI GARI.

Wurfverkettung

TORI eröffnet den Angriff mit O UCHI GARI. Er kann aber UKE nicht nach hinten werfen, da dieser schnell mit seinem linken Bein nach hinten ausweicht.

TORI hat seine Ausgangsstellung wieder erreicht und wiederholt seinen Angriff (O UCHI GARI) mit der Absicht, den nach hinten ausweichenden UKE mit TSURI KOMI GOSHI nach vorne zu werfen.

Im Moment, da UKE nach hinten ausweicht, läßt TORI seinen rechten Fuß auf derjenigen Stelle stehen, wo vorher UKEs linker Fuß gestanden hatte. Er zieht UKE mit beiden Händen kräftig nach vorne, zieht gleichzeitig sein linkes Bein neben sein rechtes und dreht sich weiter nach links herum zum TSURI KOMI GOSHI ein.

Wichtiger Hinweis:
TORI muß UKE schnell und kräftig nach vorne ziehen, um damit zu verhindern, daß UKE seinen linken Fuß nach hinten auf die Matte absetzen kann.

Übergang vom Stand in die Bodenlage in KESA GATAME

TORI wirft UKE mit TSURI KOMI GOSHI und folgt ihm in die Bodenlage.

Im selben Moment, da UKE auf die Matte fällt, bremst TORI eine weitere Rollbewegung ab, indem er mit seinen Beinen nach unten gleitet.

TORI zieht sich mit seiner linken Hand nach vorne gegen UKE. Er kontrolliert mit seiner linken Hand und seinem linken Arm den rechten Arm von UKE.
TORI schiebt seine rechte Hand unter UKEs Kopf und hält UKE mit KESA GATAME fest.

Vierte Gruppe

TAI OTOSHI – O UCHI GARI

a) KUMI KATA
b) Direkter Angriff im Stand und aus der Bewegung
c) Unaufhörlicher Angriff
d) Angriff – Reaktion – Angriff
e) Wurfverkettung
f) Befreiung aus der Beinumklammerung
 1. TORI befindet sich zwischen UKEs Beinen.
 2. UKE umklammert mit seinen Beinen das eine Bein von TORI.

TAI OTOSHI

Dies ist ein Körperwurf und gehört zur Gruppe der TE WAZA. TORI dreht sich zum TAI OTOSHI ein (in der gleichen Weise wie zum TSURI KOMI GOSHI). Er geht dann mit seinem rechten Fuß rechts an UKE vorbei und blockiert mit seinem rechten gebeugten Knie UKEs Beine (von vorne und unterhalb des Knies).

TORI wirft UKE nach vorne über sein vorgestelltes rechtes Bein auf die Matte.

KUMI KATA

Diese Technik wird hier ebenso angewandt wie für TSURI KOMI GOSHI.

Direkter Angriff im Stand

TORI bewegt seinen rechten Fuß vor UKEs Beine und angelt ihn gleichzeitig mit beiden Händen schnell nach vorne.

Er zieht seinen linken Fuß nach und dreht sich über seine Fußspitze nach vorne links herum.
TORI drückt seinen rechten angewinkelten Unterarm von unten nach oben gegen UKEs linke Achselhöhle und zieht ihn dann mit seiner linken Hand weiter nach vorne.

TORI geht nach rechts und sperrt mit seinem rechten Bein UKEs Beine unterhalb der Knie.
Er stößt UKE mit seinem rechten Arm und zieht ihn mit seiner linken Hand nach vorne über sein vorgestelltes linkes Bein, das er im Moment der Gleichgewichtsbrechung durchstreckt.
TORI dreht sich mit seinem Oberkörper schraubenförmig nach vorne gegen die Matte.

Direkter Angriff aus der Bewegung

UKE geht mit seinem linken Bein zurück. TORI folgt dieser Bewegung mit seinem rechten Bein nach vorne.
Er zieht UKE mit beiden Händen schnell nach vorne rechts, wodurch UKE nach vorne aus dem Gleichgewicht gebracht wird. UKE kann somit nicht sein linkes Bein nach hinten auf die Matte absetzen.
TORI zieht sofort sein linkes Bein neben sein rechtes und dreht sich zum TAI OTOSHI ein.

Unaufhörlicher Angriff

Dieser wird hier ebenso wie für MOROTE SEOI NAGE ausgeführt.

Angriff – Reaktion – Angriff

TORI greift UKE mehrmals so stark wie nur möglich an mit TAI OTOSHI.
Er kann aber UKE nicht nach vorne werfen, da UKE nach hinten reagiert und sich sicher verteidigt.

TORI nutzt UKEs starke Reaktion nach hinten aus, indem er von neuem UKE direkt mit O UCHI GARI angreift. D. h., TORI macht denselben Eingang zum O UCHI GARI wie zum TAI OTOSHI (siehe Fotos links und Mitte).
UKE reagiert gegen den vermeintlichen TAI OTOSHI nach hinten und kann somit von TORI mit O UCHI GARI geworfen werden.
TORI kann dieses Angriffsprinzip auch umgekehrt anwenden. Er greift UKE zuerst mit O UCHI GARI und anschließend mit TAI OTOSHI an.

Wurfverkettung

TORI versucht UKE mit O UCHI GARI nach hinten zu werfen. UKE entweicht mit seinem linken Bein nach hinten. TORI zieht UKE mit seinen Händen schnell nach vorne rechts und dreht sich dann zum TAI OTOSHI ein.

Wichtig:
In dem Moment, wo UKE mit seinem linken Fuß zurückweicht, zieht TORI ihn schnell nach vorne und bringt UKE über sein rechtes Standbein aus dem Gleichgewicht.

Befreiung aus der Beinumklammerung

TORI wirft UKE mit O UCHI GARI, folgt ihm dann in die Bodenlage nach und kommt zwischen UKEs Beine zu liegen.

TORI erfaßt mit seiner rechten Hand UKEs linkes Jackenrevers am Bauch und drückt seinen rechten Ellenbogen von innen nach außen gegen UKEs linken Oberschenkel.

TORI hebt mit seinem linken Unterarm UKEs rechten Oberschenkel an und stellt gleichzeitig seinen linken Fuß auf die Matte.

TORI erfaßt mit seiner linken Hand UKEs Jackenrevers in Brusthöhe und drückt UKEs rechtes Bein mit seinem eigenen Körper nach vorne auf dessen Körper.

TORI dreht sich mit seinem Körper nach hinten links herum und gleitet dann nach vorne an UKEs rechtem Bein vorbei. Er löst den Griff mit seiner linken Hand und schiebt seinen linken Unterarm von rechts unter UKEs Kopf und erfaßt mit seiner linken Hand UKEs Jacke in Schulterhöhe.

TORI wechselt den Griff seiner rechten Hand und hält UKE jetzt mit YOKO SHIHO GATAME fest.

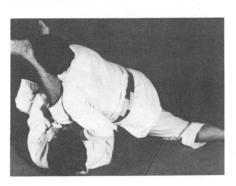

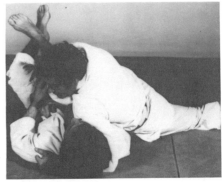

UKE umklammert mit seinen Beinen TORIs rechts Bein.

TORI schiebt seine linke Hand von rechts unter UKEs Kopf und setzt sich mit seiner linken Hüftseite neben UKE auf die Matte.

Mit der rechten Hand schiebt TORI UKEs linkes Jackenrevers nach unten an dessen linker Achselhöhle vorbei in seine linke Hand.

TORI zieht UKEs Revers mit seiner linken Hand unter UKEs Oberkörper an sich heran und drückt mit seiner linken Schulter von oben nach unten gegen UKEs rechte Halsseite. Er stellt seinen rechten Fuß auf die Matte und erfaßt mit seiner rechten Hand UKEs linkes Hosenbein in Oberschenkelhöhe.

TORI drückt dann mit seinen Handknöcheln gegen UKEs linken Oberschenkel und befreit sein rechtes Knie aus der Beinumklammerung. TORI hebt sein Becken an und dreht sein rechtes Knie nach links auf die Matte.
Mit der linken Fußsohle stößt TORI den rechten Oberschenkel von UKE nach hinten, befreit sein rechtes Bein aus der Umklammerung und geht dann zum KESA GATAME über.

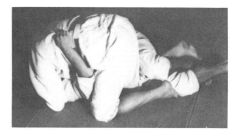

Französische Einzelmeisterschaft 1975
G. Gautier gegen R. Carles
(OKURI ASHI BARAI)

Fünfte Gruppe

O SOTO GARI – HIDARI
SASAE TSURI KOMI ASHI

a) KUMI KATA
b) Direkter Angriff im Stand und aus der Bewegung
c) Unaufhörlicher Angriff
d) Angriff – Reaktion – Angriff
e) Scheinangriff
f) Nachlaufangriff
g) Übergang vom Stand in die Bodenlage in KESA GATAME und dann in KATA GATAME

Erklärung
zu zwei neuen Angriffsformen

Scheinangriff:

TORI täuscht UKE durch einen fingierten Angriff. TORI erwartet UKEs Reaktion und führt dann einen echten Angriff aus; er nutzt UKEs Bewegung aus und wirft diesen in dieselbe Richtung. Diese Angriffsform führt aber nicht immer zum gewünschten Erfolg, da erfahrene Kämpfer nur sehr selten auf einen solchen Scheinangriff hereinfallen.

Nachlaufangriff:

UKE greift TORI mit einer Technik an. TORI nimmt seine Verteidigungsstellung ein; UKE kommt nicht zum Wurferfolg.
UKE versucht in seine Ausgangsstellung zurückzugehen. TORI folgt ihm sofort – ehe UKE seine Ausgangsstellung erreicht hat – mit derselben oder einer anderen Technik nach.

O SOTO GARI

Diese Technik gehört zur Gruppe der Fuß- und Beintechniken (ASHI WAZA) und eignet sich insbesondere für große Judokas.
TORI gleitet nach vorne rechts neben UKE und sichelt dessen rechtes Standbein mit einer rechten Beinschwingbewegung von hinten nach vorne weg.
TORIS ganzer Körper ist bei dieser Aktion beteiligt. Er beugt seinen Oberkörper nach vorne zur Matte hin und wirft UKE nach hinten.

HIDARI SASAE TSURI KOMI ASHI

Gehört ebenfalls zur Gruppe der Fuß- und Beintechniken. Die Wurfidee besteht darin, das nach vorne kommende oder stehende Bein von UKE mit der rechten Fußsohle unterhalb des Schienbeines zu blockieren und ihn dann durch kräftigen Armzug und eine Körperdrehung (hinten links herum) nach vorne zu werfen.

KUMI KATA

Die KUMI KATA im Rahmen dieser Wurfgruppe besteht für kleine Judokas darin, den Judogi wie beim TSURI KOMI GOSHI zu erfassen.

Für größere Judokas:
TORI erfaßt mit seiner rechten Hand UKEs Revers hinter dem Kopf, und mit der linken Hand dessen rechten Jackenärmel.

Diese beiden Arten der KUMI KATA werden ebenfalls zur Linksausführung hinsichtlich der SASAE-TSURI-KOMI-ASHI-Technik angewendet, obwohl sie nicht die effektivsten sind.
Diese KUMI KATA ist aber sehr wirksam, wenn beide Würfe miteinander kombiniert werden sollen, ohne dabei den Griff zu wechseln.

Direkter Angriff im Stand

O SOTO GARI

TORI geht mit seinem linken Bein nach vorne links und zieht UKE mit beiden Händen nach hinten rechts gegen seinen Körper.

TORI schiebt seine Hüfte nach vorne rechts an UKE vorbei und hebt dann sein rechtes gestrecktes Bein an.

TORI beugt sich nach vorne zur Matte und bricht UKEs Gleichgewicht nach hinten. Er schwingt gleichzeitig sein gestrecktes rechtes Bein von vorne nach hinten und sichelt UKEs rechtes Standbein nach vorne weg.
Dabei ist wichtig, daß das Zurückschwingen des Beines und das Abbeugen nach vorne koordiniert und simultan abläuft.

Direkter Angriff im Stand

HIDARI SASAE TSURI KOMI ASHI

TORI stellt seinen linken Fuß vor UKEs rechte Fußspitze und dreht seine linke Fußspitze nach rechts herum. Er zieht UKE mit beiden Händen nach vorne links.

Mit seiner rechten Fußsohle blockiert TORI das linke Schienbein von UKE und dreht sich dann mit seinem Körper nach hinten links herum. Er drückt UKE mit seiner linken Hand nach vorne; mit seiner rechten Hand zieht er ihn nach vorne gegen die Matte.

TORI dreht sich weiter nach hinten links herum und wirft UKE über seinen rechten Fuß nach vorne links. TORI hält seinen Körper bis zum Ende des Wurfes gestreckt.

Direkter Angriff aus der Bewegung

UKE geht mit seinem rechten Bein nach hinten; TORI folgt UKE mit einem schnellen Doppelschritt (rechts-links) nach vorne.

O SOTO GARI

TORI schwingt sein rechtes Bein nach vorne an UKE rechts vorbei und wirft diesen mit O SOTO GARI nach hinten.

H. SASAE TSURI KOMI ASHI

TORI dreht sich auf seinem linken Fußballen nach hinten links herum und wirft UKE nach vorne links, indem er mit seiner rechten Fußsohle UKEs linkes Bein von vorne blockiert.

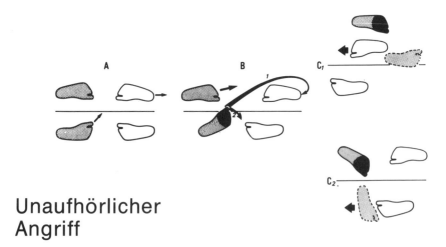

Unaufhörlicher Angriff

TORI setzt zum O SOTO GARI an. UKE blockiert diesen Angriff in dem Moment, wo es zum Körperkontakt mit TORI kommt. TORI gibt seinen Angriff aber nicht auf, sondern versucht, durch kleine Sprünge auf seinem linken Bein nach vorne gegen UKE und durch starkes Zurückziehen seines rechten Beines, UKE nach hinten zu werfen. TORI setzt zum H. SASAE TSURI KOMI ASHI an. UKE leistet Widerstand. TORI rutscht auf seinem linken Fuß nach hinten links herum und zieht UKE mit sich nach vorne, wobei er unaufhörlich UKEs linkes Bein mit seiner Fußsohle blockiert.

Angriff – Reaktion – Angriff

TORI greift UKE mit O SOTO GARI an, kommt aber nicht zum Wurferfolg, da UKE sich nach vorne gegen TORI drückt und sein rechtes Bein etwas nach hinten zieht.
UKE wird aber durch TORIs Angriff in eine bestimmte Verteidigungsposition gedrängt.

TORI geht in seine Verteidigungsstellung zurück und greift UKE von neuem mit H. SASAE TSURI KOMI ASHI an, wobei er die gleiche Eingangsbewegung wie zum O SOTO GARI macht. UKE reagiert stark nach vorne gegen den vermeintlichen O SOTO GARI. TORI nutzt UKEs Reaktion nach vorne für sich aus und wirft ihn nach vorne links mit H. SASAE TSURI KOMI ASHI.
Dieses Prinzip kann auch in der umgekehrten Folge, d. h. zuerst SASAE TSURI KOMI ASHI und dann O SOTO GARI, angewandt werden.

Scheinangriff

TORI täuscht einen O SOTO GARI an (Doppelschritt rechts-links) und hebt sein rechtes Bein etwas nach vorne an.
UKE reagiert gegen den vermeintlichen O SOTO GARI, indem er sich nach vorne links bewegt. TORI unterbricht seine erste Angriffsbewegung, zieht sein rechtes Bein wieder zurück, hüpft auf seinem linken Fußballen nach hinten und links herum und blockiert mit seiner rechten Fußsohle UKEs linkes Schienbein. Durch UKEs Reaktion nach vorne links, ist es für TORI leicht, UKE jetzt mit H. SASAE TSURI KOMI ASHI zu werfen.

Nachlaufangriff

UKE greift TORI mit O SOTO GARI an. TORI blockiert diesen Angriff, indem er sein rechtes Bein zurückzieht und sich nach vorne gegen UKE drückt.
UKE gelangt nicht zum Wurferfolg und gibt daher seinen Angriff auf. Er versucht in seine Ausgangsstellung zurückzugehen.
Im Moment, da UKE zurückweicht, folgt TORI UKE mit einem schnellen O SOTO GARI und wirft UKE nach hinten, ehe dieser seine Ausgangsstellung wieder erreicht hat.
Dieses taktische Vorgehen muß in Form synchronisierter Bewegungen realisiert werden. TORI und UKE greifen abwechselnd mit O SOTO GARI an, ohne aber dabei den anderen zu werfen.

Übergang vom Stand in die Bodenlage in KESA GATAME und dann in KATA GATAME

TORI wirft UKE mit O SOTO GARI;

er folgt UKE in die Bodenlage und hält ihn mit KESA GATAME fest.

UKE befreit seinen rechten Arm und versucht mit einer Körperdrehung nach links herum sich zu befreien.
TORI kontrolliert UKE mit seinem rechten Arm und drückt dann mit seiner linken Hand UKEs rechten Ellenbogen nach links.

TORI drückt seinen Kopf nach unten auf die Matte und kontrolliert mit seiner rechten Nackenseite UKEs rechten Oberarm.
Mit der linken Hand ergreift TORI seine rechte Hand, wechselt seine Beinposition und zieht UKE zurück in die Rückenlage.

Sechste Gruppe

HARAI GOSHI – O SOTO GARI

a) KUMI KATA
b) Direkter Angriff im Stand und aus der Bewegung
c) Unaufhörlicher Angriff
d) Angriff – Reaktion – Angriff
e) Wurfverkettung
f) Nachlaufangriff
g) Direkter Konterangriff
h) Übergang vom Stand in die Bodenlage in KESA GATAME und dann in TATE SHIHO GATAME

Erklärung zum direkten Konterangriff

TORI muß UKE mit seiner KUMI KATA gut unter Kontrolle haben, um ihn erfolgreich kontern zu können.
UKE greift TORI mit einer Technik an. TORI blockiert diesen Angriff und wirft UKE sofort mit derselben oder einer anderen Technik.

HARAI GOSHI

Diese Technik gehört zur Gruppe der Hüftwürfe (KOSHI WAZA). Sie ist eine Weiterentwicklung von TSURI KOMI GOSHI und wird auf einem Bein praktiziert.
TORI blockiert mit seiner rechten Hüftseite und seinem rechten Oberschenkel UKE unterhalb des Beckens. Bei dieser Technik ist es wichtig, den nach vorne aus dem Gleichgewicht gebrachten UKE mit der Hüfte und dem Oberschenkel die Beine von unten her nach hinten wegzufegen, um ihn so nach vorne zu werfen.

KUMI KATA

Im folgenden werden einige Übungen vorgestellt, um eine gute KUMI KATA gegen den sperrenden Partner ausführen zu können.

TORI erfaßt UKEs Judogi, kann aber seine rechte Hand nicht weit genug nach oben bringen, da UKE mit seinen Armen sperrt.

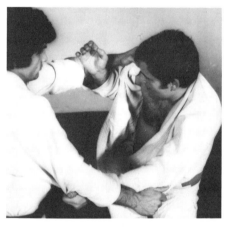

TORI dreht sich mit einer Schrittbewegung nach hinten links und beugt leicht seine Knie, wobei er seinen rechten Arm zurückzieht. TORI stößt seinen rechten Unterarm von unten nach oben gegen den linken Unterarm von UKE und geht dann mit seinem rechten Bein nach vorne, wobei er UKE mit der linken Hand kräftig nach vorne zieht und somit UKEs Widerstand bricht.

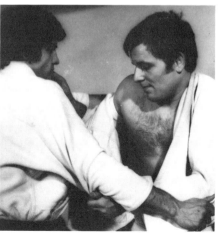

TORI zieht seine rechte Schulter gegen sein Kinn und erfaßt mit seiner rechten Hand UKEs Jacke in Schulterhöhe oder hinter dem Kopf.

Direkter Angriff im Stand

HARAI GOSHI

TORI zieht UKE schnell nach vorne auf die Zehenspitzen und geht mit seinem rechten Fuß nach vorne links (seine rechte Fußspitze zeigt dabei nach links).

TORI zieht sein linkes Bein dicht neben das rechte, zieht dann UKE gegen seine rechte Körperseite und blockiert mit seiner Hüfte UKEs Becken.

TORI hebt sein gestrecktes (rechtes) Bein nach vorne an, beugt sich nach vorne ab und schwingt seinen rechten Oberschenkel nach hinten gegen UKEs rechten Oberschenkel und fegt dann UKEs Beine und Hüfte nach hinten weg.

UKE wird dadurch über TORIs rechte Hüfte und rechten Oberschenkel nach vorne abgeworfen.

Direkter Angriff aus der Bewegung

Beide Würfe werden aus der gleichen Bewegung erlernt. UKE geht mit seinem rechten Fuß nach vorne; TORI bewegt gleichzeitig seinen linken Fuß kreisförmig hinter sein rechtes Bein.

HARAI GOSHI

Im Moment, da UKE sein Körpergewicht auf sein rechtes Bein verlagert, wird er von TORI mit beiden Händen schnell nach vorne gezogen. TORI bricht UKEs Gleichgewicht nach vorne über das rechte Standbein und dreht sich dann zum Wurf ein.

O SOTO GARI

TORI geht mit seinem linken Fuß neben sein rechtes Bein und schnellt dieses dann weiter nach vorne.
TORIs ganzer Körper bewegt sich an UKE rechts vorbei nach vorne. TORI drückt mit seinem rechten Bein von hinten nach vorne gegen UKEs Standbein, rutscht dann auf seinem linken Fuß weiter nach vorne und bringt UKE somit durch seinen Körpereinsatz nach hinten aus dem Gleichgewicht.

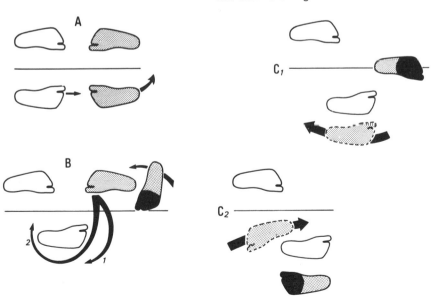

Unaufhörlicher Angriff

Wenden Sie dieses Prinzip für beide Techniken nach ihren eigenen Vorstellungen an.

Angriff – Reaktion – Angriff

TORI greift UKE mit O SOTO GARI an. TORI kommt nicht zum gewünschten Wurferfolg, da UKE sich nach vorne gegen TORI drückt und Widerstand leistet.
TORI geht in die Ausgangsstellung zurück und macht einen neuen Angriff zum HARAI GOSHI. Die Eingangsbewegung dazu ist mit der zum O SOTO GARI identisch.
UKE reagiert wieder nach vorne (wie gegen den O SOTO GARI), und TORI nutzt UKEs Bewegung aus und wirft ihn nach vorne mit HARAI GOSHI.

Wurfverkettung

TORI dreht sich zum HARAI GOSHI ein. UKE blockiert diesen Angriff, indem er seine Knie beugt und TORI nach hinten zieht. TORI kann UKE nicht nach vorne werfen; er dreht sich nach vorne rechts herum gegen UKE und wechselt zum O SOTO GARI über. Er drückt dann mit seinem rechten Bein von oben nach unten gegen UKEs (rechtes) Bein und rutscht auf seinem linken Fuß nach vorne rechts an UKE vorbei.
TORI drückt UKE mit seinem Körper nach hinten und sichelt zugleich UKEs rechtes Bein von hinten nach vorne weg.

Oder: TORI wirft UKE mit O SOTO OTOSHI. Dieser Wurf ist eine Variation des O SOTO GARI.
TORI stellt seinen rechten Fuß hinter UKEs rechtes Bein auf die Matte und wirft UKE durch eine starke Körperbewegung nach vorne über sein rechtes blockierendes Bein.

Nachlaufangriff

UKE versucht TORI mit HARAI GOSHI zu werfen.
TORI geht in seine Verteidigungsstellung und blockiert erfolgreich UKEs Angriff.

UKE gibt seinen Angriff auf und versucht wieder, in seine Ausgangsstellung zurückzugehen.
Im Moment, da UKE nach hinten zurückweicht, folgt TORI ihm mit einem HARAI GOSHI und wirft UKE nach vorne.

Direkter Konterangriff

TE GURUMA gegen HARAI GOSHI

UKE dreht sich zum HARAI GOSHI ein. TORI beugt seine Knie, zieht UKE mit seiner rechten Hand fest gegen seinen Körper und erfaßt mit seiner linken Hand UKEs rechten Oberschenkel von hinten und innen.

TORI streckt schnell seine Beine und stößt UKE mit seinem Becken von unten nach oben.

Er hebt UKE mit seinem linken Arm nach oben und an sich vorbei und zieht UKE dann mit seiner rechten Hand nach unten.

TORI beugt sich nach vorne gegen die Matte und wirft UKE nach unten ab.

Direkter Konterangriff

O SOTO GARI – O SOTO GAESHI

UKE versucht, TORI mit O SOTO GARI zu werfen.
TORI blockiert diesen Angriff, indem er mit seinem rechten Fuß etwas nach hinten geht und UKE dann nach rechts gegen seinen Körper zieht.

TORI geht nun mit seinem linken Fuß nach vorne rechts herum gegen UKE und stößt seinen rechten Oberschenkel von unten nach oben gegen UKEs Gesäß, wodurch dieser etwas angehoben und aus dem Gleichgewicht gebracht wird.

TORI verlagert sein Körpergewicht nach hinten und zieht UKE mit sich. Er dreht seinen Kopf nach links und wirft UKE nach hinten ab.

Übergang vom Stand in die Bodenlage in KESA GATAME und dann in TATE SHIHO GATAME

TORI wirft UKE mit HARAI GOSHI, folgt ihm dann in die Bodenlage und versucht, UKE mit KESA GATAME festzuhalten.

UKE versucht, sich aus dem – nur schwach angesetzten – KESA GATAME zu befreien und dreht sich nach rechts herum gegen TORI.

TORI schwingt sein rechtes Bein über UKEs Körper auf die linke Seite und schiebt seine beiden Füße von außen unter UKEs beide Oberschenkel.

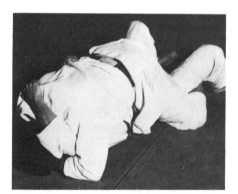

TORI drückt seinen linken Arm von innen unter UKEs rechten Arm und hält UKE mit TATE SHIHO GATAME fest.

Siebente Gruppe

UCHI MATA – HIDARI TANI OTOSHI

a) KUMI KATA
b) Direkter Angriff im Stand und aus der Bewegung
c) Unaufhörlicher Angriff
d) Angriff – Reaktion – Angriff
e) Wurfverkettung
f) Nachlaufangriff
g) Direkter Konterangriff
h) Indirekter Konterangriff
i) Übergang vom Stand in die Bodenlage

Erklärung zum letzten Konterprinzip:

Indirekter Konterangriff

UKE versucht, TORI zu werfen. TORI weicht UKEs Angriff aus und greift den leerlaufenden UKE sofort mit einer Technik an.

UCHI MATA

Diese Technik gehört zur Gruppe der Beinwürfe ASHI WAZA. Dieser Wurf war über mehrere Jahrzehnte hinweg der erfolgreichste Kampfwurf.
Der UCHI MATA hat sich im Laufe der Zeit vom Beinwurf zur Hüfttechnik verändert. So ist es insbesondere für kleine Judokämpfer vorteilhaft, den UCHI MATA mehr als Hüfttechnik denn als Beintechnik zu erlernen, da sie ihren Oberschenkel nicht hoch genug heben können, um den Gegner damit zu werfen.
TORI sichelt mit seinem rechten Oberschenkel UKEs linken Oberschenkel von innen nach hinten oben weg und wirft UKE nach vorne.

HIDARI TANI OTOSHI

Dies ist ein seitlicher Körperwurf YOKO SUTEMI WAZA. TORI wirft sich bei der Ausführung auf seine rechte Körperseite und zieht UKE mit sich nach hinten.
TORI wirft UKE nach hinten, indem er mit seinem rechten Bein hinter UKEs beide Beine geht, diese blockiert und sich dann hinter UKE auf seine rechte Körperseite wirft.
Durch diesen Körpereinsatz zieht TORI mit seinen Händen UKE mit nach hinten in die Bodenlage.

KUMI KATA

Wiederholen Sie die Übungen der KUMI KATA wie zum HARAI GOSHI (in der sechsten Gruppe).

Eine weitere Möglichkeit:

UKE erfaßt mit seinen Händen beide Jackenrevers von TORI in Brusthöhe. Er behindert dadurch TORI.

TORI dreht sich mit seiner rechten Körperseite nach vorne links gegen UKE und erfaßt mit seiner rechten Hand UKEs Revers von oben – über UKEs linken sperrenden Arm – hinter dem Kopf, wobei er UKE mit seiner linken Hand kräftig nach vorne zieht.
Anschließend zieht er UKE mit beiden Händen nach vorne und unten und bricht dadurch dessen Widerstand.

TORI bewegt sich sofort mit einer TSUGI-ASHI-Bewegung nach hinten links und rechts über die Matte, wodurch UKE in eine Verteidigungsstellung gedrängt wird.

Direkter Angriff im Stand

UCHI MATA

TORI geht mit seinem rechten Fuß einen halben Schritt nach vorne links und zwingt UKE durch starkes Ziehen nach vorne auf die Fußspitzen.

Er dreht sich dann über seine rechte Fußspitze nach vorne links herum und zieht sein linkes Bein dicht neben das rechte.

Im gleichen Moment schwingt er sein rechtes gestrecktes Bein von innen nach hinten zwischen UKEs beide Beine. TORI beugt sich gleichzeitig mit seinem Oberkörper nach vorne links herum spiralförmig zur Matte hin und wirft UKE über seinen rechten Oberschenkel nach vorne rechts ab.

Direkter Angriff im Stand

HIDARI TANI OTOSHI

TORI geht mit seinem rechten Fuß nach vorne (wie zum UCHI MATA) und zieht sich dabei mit beiden Händen gegen UKE.

TORI zieht sein linkes Bein dicht neben sein rechtes und verlagert sein Körpergewicht auf das linke Bein.

Er geht tief in die Knie und schwingt sein rechtes Bein hinter beide Beine von UKE, ohne dabei seinen Oberkörperkontakt mit UKE aufzugeben.

TORI wirft sich hinter UKE auf seine rechte Körperseite und zieht UKE mit sich nach hinten gegen die Matte.

Direkter Angriff aus der Bewegung

UKE geht mit seinem rechten Bein nach hinten oder nach rechts zur Seite.

UCHI MATA

TORI folgt UKEs Bewegung mit einem Doppelschritt (rechts-links) und dreht sich dann zum UCHI MATA ein.

HIDARI TANI OTOSHI

TORI geht mit seinem rechten Bein vor, zieht sein linkes Bein nach und schwingt sein rechtes Bein links um UKE herum zum H. TANI OTOSHI.

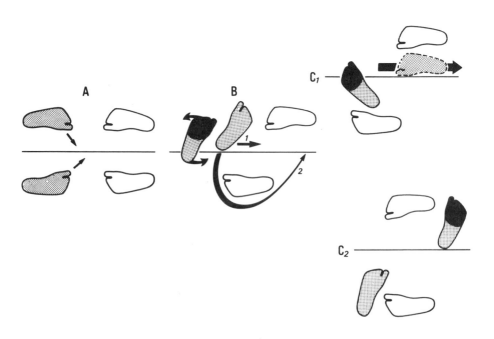

Unaufhörlicher Angriff

TORI dreht sich zum UCHI MATA ein. UKE blockiert diesen Angriff im Moment des Körperkontaktes mit TORI. TORI rutscht mit kleinen Sprüngen nach vorne links herum und zieht UKE mit sich nach vorne rechts.

TORI hebt mit seinem rechten Oberschenkel UKEs linken Oberschenkel nach oben an und bringt UKE nach vorne rechts über das rechte Bein aus dem Gleichgewicht.

Angriff – Reaktion – Angriff

TORI dreht sich zum UCHI MATA ein. UKE leistet Widerstand, indem er sich mit seiner linken Hüftseite nach vorne gegen TORI dreht und ihn dann mit seinen Händen zurückzieht.
TORI kommt nicht zum gewünschten Wurferfolg.

TORI greift UKE jetzt direkt mit H. TANI OTOSHI an und realisiert den gleichen Eingang (erster und zweiter Schritt) wie zum UCHI MATA.
UKE reagiert nach hinten, weil er einen UCHI-MATA-Angriff vermutet. TORI nutzt UKEs Bewegung aus und wirft ihn mit H. TANI OTOSHI.

Wurfverkettung

TORI dreht sich zum UCHI MATA ein. UKE hebt sein linkes Bein an und versucht, nach vorne rechts zu entweichen.

TORI geht sofort mit seinem rechten Fuß von innen neben UKEs rechtes Bein, zieht sein linkes Bein schnell nach und dreht sich weiter zum TAI OTOSHI ein.

Nachlaufangriff

UKE dreht sich zum UCHI MATA ein. TORI geht in seine Verteidigungsstellung und blockiert erfolgreich UKEs Angriff.
UKE gibt seinen Angriff auf und versucht, in seine Ausgangsposition zurückzugehen.
Im Moment, da UKE zurückweicht, folgt ihm TORI mit einem UCHI MATA und wirft ihn nach vorne.

Direkter Konterangriff im Stand

URA NAGE gegen UCHI MATA

UKE greift TORI mit UCHI MATA an. TORI beugt seine Knie, zieht UKE mit seiner rechten Hand zu sich heran und erfaßt mit seiner linken Hand UKEs Judogi am Bauch (oder den Gürtel).

Er streckt seine Beine und hebt UKE mit seinem Becken hoch.

TORI wirft sich nach hinten links auf den Rücken und hebt UKE über sich hinweg nach hinten, wobei er seinen Kopf nach links dreht.

Direkter Konterangriff im Stand

O UCHI GARI gegen H. TANI OTOSHI

UKE greift TORI mit H. TANI OTOSHI an.

TORI dreht sich über seinen rechten Fußballen nach hinten rechts herum

und drückt UKE mit seiner linken Hand nach hinten gegen die Matte.
Er wirft sich mit seinem Körper nach vorne gegen UKE und sichelt gleichzeitig mit seinem linken Bein UKEs rechtes Bein von innen her nach vorne weg.

Indirekter Konterangriff

UCHI MATA – UCHI MATA SUKASHI

UKE versucht, sich zum UCHI MATA einzudrehen.
TORI geht mit seinem linken Bein nach hinten rechts und schiebt gleichzeitig seine linke Hüftseite nach vorne gegen UKE.

UKEs rechtes Angriffsbein verfehlt sein Ziel und schwingt nach hinten ins Leere, wodurch UKE nach vorne aus dem Gleichgewicht gebracht wird.

TORI zieht UKE mit seiner rechten Hand nach unten und drückt UKE mit seiner linken Hand nach vorne.

TORI wirft sich nach vorne gegen UKE und folgt ihm in die Bodenlage nach.

Indirekter Konterangriff

O SOTO GARI gegen H. TANI OTOSHI

UKE versucht TORI, mit H. TANI OTOSHI nach hinten zu werfen.

Im Moment, da UKE sein rechtes Bein hinter TORI schwingt, geht dieser mit seinem linken Bein zurück und pariert so UKEs Angriff.

TORI dreht sich nach vorne links herum gegen UKE, hebt sein rechtes Bein über UKEs rechtes Bein hinweg und sichelt dann von vorne nach hinten UKEs rechtes Bein nach vorne weg.

Übergang vom Stand in die Bodenlage

Wiederholen sie den Übergang vom Stand in die Bodenlage mit UCHI MATA wie für HARAI GOSHI und O SOTO GARI. Gehen sie vom UCHI MATA in KESA GATAME und dann in TATE SHIHO GATAME und vom KESA GATAME in KATA GATAME.

Gruppe der Fußfegetechniken

DE ASHI BARAI
HIDARI O KURI ASHI BARAI
HIDARI KO SOTO BARAI
HIDARI SASAE TSURI KOMI ASHI

Die Gruppe der Fußfegetechniken sollten von allen Judokas beherrscht werden. Diese Techniken gehören an die Seite der gewählten Spezialtechniken.
Die Anwendung erfordert wenig Kraft und die Fußfegetechniken sind auch sehr zweckmäßig und wirksam.
Beherrscht TORI diese Techniken, so ist es für ihn ein Leichtes, sich locker und schnell auf der Matte zu bewegen.
TORI kann UKEs Verteidigungsstellung durch Fußfegeangriffe verändern und anschließend erfolgreicher seine Spezialtechniken praktizieren.
Er kann die Fußfegetechniken mit seinen Spezialtechniken verbinden und so wirksame Kombinationen ausführen.
Diese Techniken ermöglichen es TORI auch, den Angreifer schnell und ohne großen Kraftaufwand zu kontern.

DE ASHI BARAI

TORI versucht, mit seiner linken Fußsohle UKEs nach vorne kommendes Bein – im Moment, da UKE es wieder auf der Matte abzustellen versucht – von hinten nach vorne wegzufegen.

HIDARI O KURI ASHI BARAI

TORI und UKE bewegen sich synchron mit einer TSUGI-ASHI-Bewegung seitlich über die Matte, wobei TORI versucht, UKEs Beine mit seiner rechten Fußsohle unter UKEs Körper nach rechts wegzufegen.

HIDARI KO SOTO BARAI

TORI fegt mit seiner rechten Fußsohle UKEs linkes Bein in dem Moment, wo dieser damit zurückgeht, von links nach rechts weg.

HIDARI SASAE TSURI KOMI ASHI

Diese Technik ist mehr eine Fußstoptechnik. Sie paßt aber sehr gut in diese Wurfgruppe hinein.
Die Erklärung zu SASAE TSURI KOMI ASHI ist in der fünften Wurfgruppe zu finden.

DE ASHI BARAI

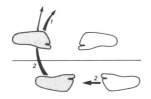

UKE geht mit snem rechten Fuß nach vorne. TORI geht gleichzeitig mit seinem linken Fuß kreisförmig nach hinten links.

UKE kommt mit seinem linken Bein nach vorne und stellt seinen rechten Fuß neben diesem ab.

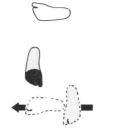

Im Moment, da UKE mit seinem rechten Fuß wieder nach vorne geht und im Begriff ist, diesen auf die Matte abzustellen, fegt TORI mit seiner linken Fußsohle von hinten nach vorne gegen UKEs rechte Ferse.

TORI drückt UKE mit seiner linken Hand nach unten und stößt ihn dann mit der rechten Hand nach hinten, wodurch UKE nach hinten geworfen wird.

H. O KURI ASHI BARAI

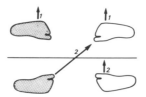

UKE geht mit seinem rechten Fuß nach echts und zieht sein linkes Bein dicht neben das rechte.
TORI folgt dieser Bewegung, indem er mit seinem linken Fuß vor UKEs rechte Fußspitze geht.

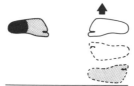

TORI hebt UKE mit seinen Händen an und zwingt UKE somit auf seine Zehenspitzen. TORI fegt mit seiner rechten Fußsohle UKEs linken Fuß nach rechts gegen dessen rechtes Bein, wodurch beide Beine von UKE nach rechts weitergleiten.

TORI zieht UKE mit seiner rechten Hand gegen die Matte, mit der linken Hand stößt er UKE nach links.
TORI hält seinen Körper während dieser ganzen Aktion gestreckt.

H. KO SOTO BARAI

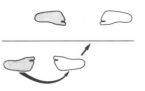

UKE geht mit seinem rechten Fuß zurück, und TORI geht gleichzeitig mit seinem linken Fuß nach vorne.

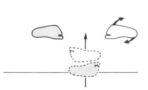

Im Moment, da UKE sich zurückzieht, fegt TORI mit seiner rechten Fußsohle UKEs linkes Bein von außen nach rechts weg.

TORI drückt UKE mit seiner linken Hand nach links und zieht ihn mit der rechten Hand nach unten.

Um die vier Fußtechniken, die hier in einfacher Form erklärt worden sind, praktisch gut zu beherrschen, müssen sie aus der freien Bewegung und in verschiedenen Situationen geübt werden.

TORI und UKE bewegen sich frei und locker in TAI SABAKI und TSUGI ASHI über die Matte und greifen abwechselnd und spontan mit den Fußfegetechniken an.

Verliert UKE sein Gleichgewicht, so macht er zwanglos seine Fallübung, steht wieder auf, und die Übung wiederholt sich: Dabei soll nicht abgesprochen werden, wer die Funktion von TORI einnimmt, da sich dies je nach Situation ergeben soll. D. h., TORI ist derjenige, der im günstigen Moment angreift und in der Lage ist, seinen Partner zu werfen. Diese Übungsform wird als

YAKUSOKU GEIKO

bezeichnet. Sie bezieht sich nicht nur auf die Fußfegetechniken, sondern auch auf alle Standtechniken.
Ziel ist dabei,
a) die Techniken in der freien Bewegung zu verbessern und
b) den richtigen Eingang zum Wurf im günstigsten Moment zu erlernen und zu automatisieren.

Ehe wir nun zum zweiten Teil dieses Buches übergehen, sollten Sie die schon erlernten Techniken in die verschiedenen Übungsformen integrieren.

1. UCHI KOMI
2. NAGE KOMI
3. YAKUSOKU GEIKO
4. KAKARI GEIKO
5. RANDORI
6. SHIAI

Diese Übungen bilden das fundamentale Gerüst Ihres Trainingsprogramms. Wenn Sie intensiv nach diesen Übungen arbeiten, so können Sie nach ca. dreijährigem Training Ihre Spezialtechniken im Judokampf erfolgreich anwenden.

1. UCHI KOMI

Die erste Übungsform dient dazu, das KUZUSHI (Gleichgewichtsbrechung) und das TSUKURI (Eingang zum Wurf) zu schulen. Zur erfolgreichen Beherrschung einer Technik sind diese beiden Phasen die schwierigsten. Einen Partner abzuwerfen (KAKE), dessen Gleichgewicht schon gebrochen ist, ist weniger schwierig, da in diesem Falle kaum noch Widerstand vorhanden ist.

TORI bricht UKEs Gleichgewicht unter gleichzeitigem Eindrehen zum Wurf. Dabei hebt er UKE an, dann aus oder zieht oder drückt ihn noch weiter in die Wurfrichtung. TORI geht sofort wieder zurück in seine Ausgangsstellung und wiederholt dann seine Wurfansätze. Um aber von einem UCHI-KOMI-Training sprechen zu können, muß TORI jede Sekunde einen Wurfansatz in Serien von 10 oder auch 20 Ansätzen machen.

2. NAGE KOMI

Diese Übungsform dient dazu, das KUZUSHI, TSUKURI und KAKE zu perfektionieren. TORI wirft UKE mit einer bestimmten Technik. UKE macht seine Fallübung und steht so schnell wie nur möglich wieder auf, damit TORI ihn wieder – ohne den Rhythmus dieser Übung zu unterbrechen – von neuem werfen kann.

3. YAKUSOKU GEIKO

(vgl. die entsprechende Erklärung auf Seite 118)

4. KAKARI GEIKO

UKE leistet Widerstand und versucht, nicht geworfen zu werden, indem er im Moment, da TORI angreift, seine Verteidigungsstellung einnimmt.

5. RANDORI

Dies ist der freie Kampf auf der Matte. Es ist die wichtigste Übungsform, um sich kämpferisch zu verbessern, aber auch die anstrengendste.
Ein einstündiges Randori am Tag ist erforderlich, um ein guter Kämpfer zu werden.
Es wird mit vollem Einsatz bis zur völligen Erschöpfung gekämpft. Dabei wird der Partner alle fünf bis sechs Minuten gewechselt. TORI versucht, UKE so oft wie nur möglich zu werfen, riskiert aber dabei, selbst geworfen zu werden. Ist UKE aus dem Gleichgewicht gebracht worden, und steht TORI gut im Wurf drin, so ist UKE als besiegt anzusehen und macht zwanglos seine Fallübung. Das Randori muß im Stand und in der Bodenlage geübt werden.

6. SHIAI

Der Wettkampf ist die höchste Stufe für den Kämpfer. TORI riskiert nichts, sondern versucht UKE mit allen ihm zur Verfügung stehenden Mitteln (Technik, Taktik, Bewegung, Schnellkraft und Siegeswillen) zu besiegen; selbstverständlich unter Beachtung der sportlichen Regeln.
Es gibt Judokas, die im RANDORI »Weltmeister« sind, aber im Wettkampf versagen. Ebenso kann es umgekehrt sein. Die Angst vor dem Wettkampf ist oft die Ursache dafür, warum ein Kämpfer versagt.

Übersichtstafel

Es stellt sich die Frage, nach welchem Zeitraum man mit dem Wettkampf beginnen kann. Sicher kommt es ganz auf Begabung und Alter an.

Voraussetzung sollte sein, daß alle wichtigen Übungsformen erlernt werden müssen, ehe man sich am Wettkampf beteiligt.

Zeiteinteilung \ Übungsformen	UCHI KOMI	NAGE KOMI	YATSUKOKU GEIKO	KAKARI GEIKO	RANDORI	SHIAI
	▓					
−2 Monate	▓	▓				
−3 Monate	▓	▓	▓			
−5 Monate	▓	▓	▓	▓		
−7 Monate	▓	▓	▓	▓	▓	
−9 Monate / +9 Monate	▓	▓	▓	▓	▓	▓

Hinweise zur Wahl der individuellen Wurffamilie

Sind Sie von einem oder von zwei der schon vorgestellten Würfe begeistert, und bevorzugen Sie eine der schon erlernten Wurfgruppen, so wählen Sie sich danach im zweiten Teil dieses Buches ihre individuelle Wurffamilie aus. Selbstverständlich kann Ihre erste Wahl mit Ihrer spezifischen Körperkonstitution in Widerspruch stehen; es ist dann ratsam, daß Sie sich für andere Techniken entscheiden. Lassen Sie sich von Ihrem Lehrer beraten, ehe Sie eine definitive Entscheidung treffen.

Für einen großen Judoka ist es schwierig, Techniken erfolgreich anzuwenden, wobei dieser gezwungen ist, mit seinem ganzen Körper tief unter den Schwerpunkt seines Partners zu gehen (IPPON SEOI NAGE, MOROTE SEOI NAGE).

Dagegen ist es für einen kleinen Judoka schwierig, seinen Gegner mit O SOTO GARI zu werfen, da er mit einem weiten Schritt an seinem Partner vorbeigehen muß.

Ein beweglicher Judoka kommt sehr gut mit den Angriffsformen (Wurfverkettung, Scheinangriff) sowie mit dem Konterprinzip (indirekter Konterangriff) zurecht.

Ein großer, etwas unbeweglicher Kämpfer bevorzugt Angriff – Reaktion – Angriff und den direkten Konterangriff.

Eine gut getroffene Wahl Ihrer Spezialtechniken mit den dazugehörenden Angriffs- und Konterformen erspart einen unnötigen Zeitverlust.

Zweiter Teil

Dieser Teil besteht aus sieben Wurffamilien von je vier Techniken.
Die Haupttechniken der einzelnen Wurffamilien sind etwas verändert worden: Dadurch sind sie effektiver in der praktischen Anwendung. Es wurden verändert: IPPON SEOI NAGE in SUWARI SEOI und in derselben Familie der KO UCHI GARI in KO UCHI MAKI KOMI

1. SUWARI SEOI
   KO UCHI MAKI KOMI
   TOMOE NAGE
   H. WAKI OTOSHI

2. MOROTE SEOI NAGE
   H. SEOI OTOSHI
   KO UCHI GARI
   O UCHI GARI

3. TSURI KOMI GOSHI
   H. SODE TSURI KOMI GOSHI
   KO UCHI GARI
   O UCHI GARI

4. TAI OTOSHI
   O UCHI GARI
   O SOTO GARI
   H. KO UCHI GARI

5. O SOTO GARI
   H. SASAE TSURI KOMI ASHI
   SOTO MAKI KOMI
   OBI TORI GAESHI

6. HARAI GOSHI
   O SOTO OTOSHI
   O UCHI GARI
   H. NIDAN KO SOTO

7. UCHI MATA
   H. TANI OTOSHI
   KO UCHI GARI
   O UCHI GARI

Im ersten Teil haben Sie sechs verschiedene Angriffsformen erlernt (direkter Angriff, unaufhörlicher Angriff, Angriff – Reaktion – Angriff, Wurfverkettung, Scheinangriff und Nachlaufangriff). Drei dieser sechs Angriffsformen (direkter Angriff, unaufhörlicher Angriff, Nachlaufangriff) werden im zweiten Teil nicht erklärt. Es versteht sich von selbst, daß diese drei Angriffsformen für jede Technik wiederholt werden müssen. Beispiele zur praktischen Arbeit sind im ersten Teil zu finden.
Der Übergang vom Stand in die Bodenlage ist im zweiten Teil individuell auf die Wurffamilien zu übertragen. Die technischen Erklärungen schließen mit dem Übergang vom Stand in die Bodenlage mit O UCHI GARI und KO UCHI GARI ab. Diese beiden Techniken sind fast in jeder Wurffamilie als Nebentechniken zu finden.
Am Ende des zweiten Teils sind zwei Seiten freigehalten, wo sie ihre individuellen Würfe und ihre ausgewählten Angriffs- und Konterformen selbst eintragen können (S. 218 und 219).

Erste Familie

SUWARI SEOI

KO UCHI MAKI KOMI

TOMOE NAGE

H. WAKI OTOSHI

1. Angriff – Reaktion – Angriff

   SUWARI SEOI – KO UCHI MAKI KOMI

2. Wurfverkettung

   KO UCHI GARI – TOMOE NAGE

3. Scheinangriff

   SEOI NAGE – TOMOE NAGE

4. Direkter Konterangriff

   O UCHI GARI gegen H. WAKI OTOSHI

5. Indirekter Konterangriff

   YOKO JIME gegen SUWARI SEOI
   YOKO SHIHO GATAME gegen TOMOE NAGE
   DE ASHI BARAI gegen KO UCHI MAKI KOMI

SUWARI SEOI

TORI zieht UKE mit beiden Händen schnell nach vorne, geht mit seinem rechten Fuß einen halben Schritt nach vorne und springt zwischen UKEs Beinen auf die Knie. TORIs ganzer Körper befindet sich dadurch unter UKEs Schwerpunkt. Er zieht UKE über seine rechte Schulter nach vorne und folgt UKE dann mit einer Rollbewegung in die Bodenlage.

H. WAKI OTOSHI

TORI plaziert seinen rechten Arm gegen UKEs rechte Achselhöhle. Er geht an UKE links vorbei (wie zum H. TANI OTOSHI) und wirft sich hinter UKE auf die Matte. TORI dreht dabei seinen rechten Daumen nach unten und drückt UKE mit seinem rechten gestreckten Arm von vorne nach hinten auf die Matte.

TOMOE NAGE

TORI plaziert seine linke Fußsohle in UKEs rechter Leistengegend und wirft sich vor UKEs beiden Beinen nach links auf den Rücken.
Er zieht UKE mit seiner linken Hand nach vorne rechts gegen die Matte und drückt ihn dann mit seiner rechten Hand in die gleiche Richtung.
Im Moment, da UKE sein Gleichgewicht verliert, streckt TORI sein linkes Bein und wirft ihn nach vorne rechts.

KO UCHI MAKI KOMI

TORI taucht nach vorne unten und schwingt sein rechtes Bein zwischen UKEs beide Beine. Mit der rechten Hand erfaßt er UKEs rechtes Bein von außen, hakt sich dabei mit seinem rechten Bein von innen und hinten an das rechte Bein von UKE ein und drückt sich über sein linkes Bein nach vorne gegen UKE.
TORI zieht dann UKE mit seiner linken Hand nach unten und dreht seinen Kopf nach oben.

Angriff – Reaktion – Angriff

TORI dreht sich zum SUWARI SEOI ein, UKE beugt stark seine Knie und zieht TORI nach hinten, wodurch dieser ihn nicht nach vorne werfen kann.

(SUWARI SEOI – KO UCHI MAKI KOMI)

TORI kehrt in seine Ausgangsstellung zurück und greift UKE jetzt direkt mit KO UCHI MAKI KOMI an.
UKE verteidigt sich wie gegen SUWARI SEOI, da TORIs Eingangsbewegung zum KO UCHI MAKI KOMI wie zum SUWARI SEOI ausgeführt wird.
UKEs Verteidigungsbewegung geht nach hinten, wodurch TORI ihn mit KO UCHI MAKI KOMI in die gleiche Richtung erfolgreich werfen kann.

Weitere Möglichkeiten:
SUWARI SEOI – H. WAKI OTOSHI
SUWARI SEOI – TOMOE NAGE

Wurfverkettung

TORI greift UKE mit KO UCHI GARI an. UKE weicht mit seinem rechten Bein nach hinten aus. TORI läßt seinen rechten Fuß auf derjenigen Stelle stehen, wo vorher UKEs rechter Fuß gestanden hatte. Er dreht sich sofort weiter über sein rechtes Bein nach links unten zum TOMOE NAGE ein und wirft UKE nach rechts.

Eine andere Möglichkeit:
KO UCHI GARI – SUWARI SEOI

(KO UCHI GARI – TOMOE NAGE)

Scheinangriff

TORI täuscht SEOI NAGE an. Er zieht UKE ruckartig nach vorne, dreht sich dabei etwas nach vorne links herum und beugt leicht seine Knie.

UKE verteidigt sich, indem er mit seinem rechten Bein zurückgeht und TORI gleichzeitig zurückzieht.

TORI dreht sich sofort zurück gegen UKE, dreht sich dann unter UKE zum TOMOE NAGE ein und wirft UKE nach rechts in seine Reaktionsrichtung.

(SEOI NAGE – TOMOE NAGE)

Direkter Konterangriff

O UCHI GARI
gegen H. WAKI OTOSHI

UKE greift mit H. WAKI OTOSHI an. TORI leistet starken Widerstand.

In dem Moment, da UKE sein rechtes Bein hinter beide Beine von TORI schwingt, dreht sich TORI nach hinten links herum.

TORI wirft sich sofort nach links vorne gegen UKE und sichelt mit seinem linken Bein UKEs rechtes Angriffsbein (von innen und hinten) nach vorne weg.

Indirekter Konterangriff

YOKO JIME gegen SUWARI SEOI

UKE dreht sich zum SUWARI SEOI ein. TORI drückt mit seiner linken Hand gegen UKEs Rücken in Gürtelhöhe und blockiert dessen Angriff.

TORI geht nach vorne rechts an UKE vorbei und zieht ihn mit sich in die Bauchlage. Er blockiert UKE mit seiner linken Körperseite von rechts und kontrolliert UKEs linken Arm mit seinem linken Arm von außen.

TORI gleitet mit seiner linken Hüftseite nach vorne auf UKEs rechte Schulter und Oberarm, dreht sich mit seinem Oberkörper nach hinten links herum und würgt UKE mit seiner rechten Hand und seinem Unterarm ab.

Wichtig:
TORI muß UKEs linkes Jackenrevers von Anfang an sicher in Schlüsselbeinhöhe erfassen.

Indirekter Konterangriff

YOKO SHIHO GATAME gegen TOMOE NAGE

UKE versucht, TORI mit TOMOE NAGE zu werfen. TORI plaziert seinen rechten Unterarm von innen und unten gegen UKEs linken Oberschenkel und beugt sich nach vorne ab.
TORI geht nach vorne links und entweicht UKEs Angriff.

Er erfaßt mit seiner linken Hand UKEs Jackenrevers hinter dem Kopf und springt nach vorne links herum gegen UKEs rechte Körperseite.
TORI hält UKE mit YOKO SHIHO GATAME fest.

Indirekter Konterangriff

DE ASHI BARAI gegen KO UCHI MAKI KOMI

TORI weicht mit seinem rechten Bein nach hinten aus, wodurch UKE nicht in der Lage ist, sich an TORIs rechtes Bein zum KO UCHI MAKI KOMI einhängen zu können.

Mit seiner linken Fußsohle fegt TORI das rechte Angriffsbein von UKE weiter nach links weg und zieht dann UKE mit seinen Händen nach unten.

Coche (Frankreich) wirft Look (DDR)
mit SEOI NAGE

Weltmeisterschaft 1975 in Wien

Zweite Familie

MOROTE SEOI NAGE

H. SEOI OTOSHI

KO UCHI GARI

O UCHI GARI

1. Angriff – Reaktion – Angriff

    MOROTE SEOI NAGE – KO UCHI GARI

2. Wurfverkettung

    KO UCHI GARI – H. SEOI OTOSHI

3. Scheinangriff

    MOROTE SEOI NAGE – O UCHI GARI

4. Direkter Konterangriff

    O UCHI GARI – O UCHI GAESHI
    H. SASAE TSURI KOMI ASHI gegen KO UCHI GARI

5. Indirekter Konterangriff

    KO SOTO GAKE gegen H. SEOI OTOSHI
    KO SOTO GARI gegen MOROTE SEOI NAGE

MOROTE SEOI NAGE

TORI dreht sich zum MOROTE SEOI NAGE ein, mit dem Unterschied, daß er sich jetzt mit seinem Gesäß auf seine Fußhacken setzt. Er ist dadurch mit seinem ganzen Körper unter UKEs Schwerpunkt und zwischen UKEs Beinen.
Im Moment, da UKE nach vorne aus dem Gleichgewicht kommt, streckt TORI schnell seine Beine und rollt dann mit UKE nach vorne ab.

H. SEOI OTOSHI

TORI dreht sich nach vorne links so tief vor UKE ein, daß sein linkes Knie die Matte berührt. Durch ein schnelles Abbeugen seines Oberkörpers wirft TORI UKE nach vorne über seine linke Schulter ab.

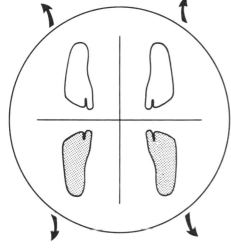

141

Angriff – Reaktion – Angriff

TORI greift UKE so stark wie nur möglich mit KO UCHI GARI an. UKE drückt sich nach vorne gegen TORI, um zu verhindern, nach hinten geworfen zu werden.

(KO UCHI GARI – MOROTE SEOI NAGE)

TORI kommt nicht zum gewünschten Erfolg. Er kehrt in seine Ausgangsstellung zurück und greift UKE sofort mit MOROTE SEOI NAGE an. Der Eingang dazu ist dem zum KO UCHI GARI ähnlich.

UKE reagiert so, als wenn TORI mit KO UCHI GARI angreifen würde und wird von TORI nach vorne in seine Reaktionsrichtung mit MOROTE SEOI NAGE geworfen.

Weitere Möglichkeiten:

MOROTE SEOI NAGE – H. SEOI OTOSHI
MOROTE SEOI NAGE – O UCHI GARI

Wurfverkettung

TORI greift UKE mit KO UCHI GARI an. UKE entweicht mit seinem rechten Bein nach hinten.

TORI läßt seinen Fuß auf der gleichen Stelle stehen, wo vorher UKEs rechter Fuß gestanden hat. TORI macht über sein rechtes Standbein einen Kreiseingang nach vorne links zum H. SEOI OTOSHI. Im Moment, da TORI sein linkes Bein nach rechts herum schwingt, hüpft er gleichzeitig auf seinem rechten Fußballen nach rechts herum.

Weitere Möglichkeiten:

O UCHI GARI – MOROTE SEOI NAGE
KO UCHI GARI – MOROTE SEOI NAGE

MOROTE SEOI NAGE – O UCHI GARI
(Gegen UKE, der Widerstand entgegensetzt)

(KO UCHI GARI – H. SEOI OTOSHI)

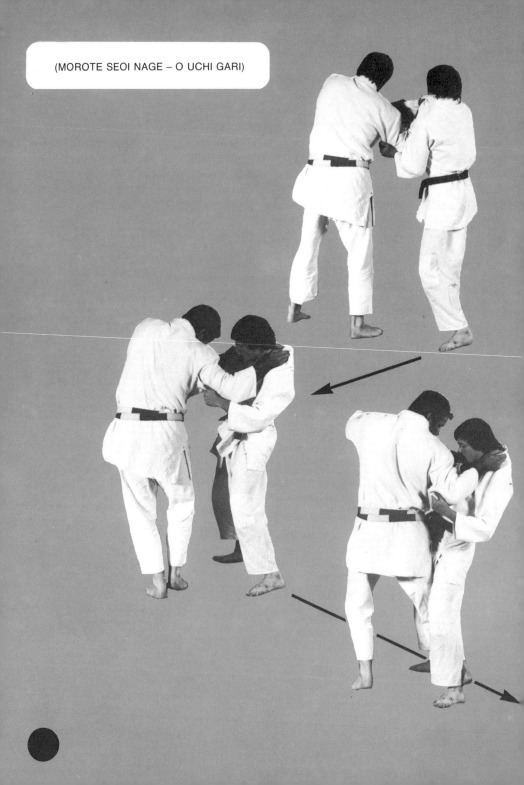
(MOROTE SEOI NAGE – O UCHI GARI)

Scheinangriff

TORI täuscht MOROTE SEOI NAGE an. UKE reagiert auf diese Finte, indem er sich nach hinten links zurückdreht. Im Moment, da UKE nach hinten reagiert, dreht sich TORI über sein linkes Bein nach vorne rechts herum gegen UKE und setzt zu einem O UCHI GARI an.

TORI verstärkt seinen Angriff und wirft sich nach vorne gegen UKE.

Weitere Möglichkeiten:

MOROTE SEOI NAGE – H. SEOI OTOSHI
MOROTE SEOI NAGE – KO UCHI GARI

Direkter Konterangriff

O UCHI GARI – O UCHI GAESHI

UKE versucht TORI mit O UCHI GARI nach hinten zu werfen.
TORI geht mit seinem rechten Bein nach vorne links (seine rechte Fußspitze zeigt dabei nach links).

TORI dreht sich nach hinten rechts herum und blockiert mit seinem linken Bein UKEs rechtes Angriffsbein.

TORI zieht UKE mit beiden Händen nach vorne rechts über sein linkes Bein, das er gleichzeitig anhebt. UKE wird nach vorne auf seine linke Körperseite geworfen.

Direkter Konterangriff

H. SASAE TSURI KOMI ASHI gegen KO UCHI GARI

UKE greift TORI mit KO UCHI GARI an. TORI geht mit seinem linken Bein etwas zurück (seine linke Fußspitze zeigt nach rechts).

Er zieht UKE mit beiden Händen nach vorne links und sperrt mit seiner rechten Fußsohle UKEs linkes Schienbein.

TORI dreht sich weiter nach hinten links herum, zieht UKE mit sich nach vorne und wirft ihn mit H. SASAE TSURI KOMI ASHI.

Indirekter Konterangriff

H. KO SOTO GAKE gegen H. SEOI OTOSHI

UKE dreht sich zum H. SEOI OTOSHI ein.

TORI drückt mit seiner rechten Hand gegen UKEs Rücken und zieht ihn mit seiner linken Hand zurück. TORI verlagert sein Körpergewicht auf das rechte Bein und weicht mit seinem linken Bein über das nach links vorgestellte Bein von UKE nach vorne aus.

TORI dreht sich nach vorne rechts herum gegen UKE und hakt sich mit seinem rechten Bein von hinten an UKEs linkes Bein ein.

Mit seinem Körper drückt sich TORI über sein linkes Bein nach vorne gegen UKE und zieht dann mit seinem rechten Bein UKEs linkes Bein von hinten nach vorne weg.

Indirekter Konterangriff

KO SOTO GARI gegen MOROTE SEOI NAGE

UKE dreht sich zum MOROTE SEOI NAGE ein. TORI leistet Widerstand und entweicht nach vorne rechts.

TORI sichelt mit seiner linken Fußsohle UKEs rechtes Bein von hinten nach vorne weg.

TORI zieht UKE im gleichen Moment mit seinen Händen nach hinten und wirft ihn dann auf seine linke Körperseite.

Rougé (Frankreich) greift Betanov
(UdSSR) mit O SOTO GARI an.
Weltmeisterschaft 1975 in Wien.

Dritte Familie

TSURI KOMI GOSHI

H. SODE TSURI KOMI GOSHI

H. KO UCHI GARI

O UCHI GARI

1. Angriff – Reaktion – Angriff

    H. SODE TSURI KOMI GOSHI – H. KO UCHI GARI

2. Wurfverkettung

    H. KO UCHI GARI – H. SODE TSURI KOMI GOSHI

3. Scheinangriff

    H. KO SOTO GARI – TSURI KOMI GOSHI

4. Direkter Konterangriff

    USHIRO GOSHI gegen TSURI KOMI GOSHI
    KO SOTO GAKE gegen H. SODE TSURI KOMI GOSHI

5. Indirekter Konterangriff

    TSURI KOMI GOSHI gegen O UCHI GARI

H. SODE TSURI KOMI GOSHI

TORI erfaßt beide Jackenärmel von UKEs Judogi.
TORI dreht sich nach links zum Wurf ein, stößt dabei mit seiner linken Hand UKEs rechten Arm nach oben und zieht UKEs linken Arm mit der rechten Hand nach vorne. TORI sperrt mit seiner Hüfte UKEs Becken und zieht UKE dann mit beiden Händen nach vorne links über seine vorgeschobene Hüfte.

H. KO UCHI GARI

TORI stößt UKEs rechten Arm nach oben und hinten und bringt UKE nach hinten aus dem Gleichgewicht.
Gleichzeitig sichelt TORI mit seiner linken Fußsohle UKEs linkes Bein von innen nach vorne hin weg.

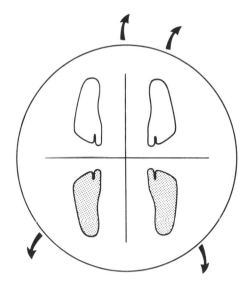

Angriff – Reaktion – Angriff

UKE blockiert TORIs mehrmalige H. SODE TSURI KOMI GOSHI-Angriffe, indem er seine Knie beugt und TORI nach hinten zieht.
TORI kommt dadurch nicht zum Wurferfolg.

(H. SODE TSURI KOMI GOSHI –
H. KO UCHI GARI)

TORI geht zurück in seine Ausgangsstellung und greift UKE von neuem mit H. KO UCHI GARI an.
Da TORIs Anfangsbewegung der zum H. SODE TSURI KOMI GOSHI ähnlich ist, glaubt UKE, daß TORI wieder mit H. SODE TSURI KOMI GOSHI angreift. Er reagiert nach hinten, und TORI nutzt diese Bewegung aus, indem er UKE mit H. KO UCHI GARI nach hinten wirft.

Weitere Möglichkeiten:

TSURI KOMI GOSHI – O UCHI GARI
TSURI KOMI GOSHI – H. SODE TSURI KOMI GOSHI

Wurfverkettung

TORI greift UKE mit H. KO UCHI GARI an.
UKE weicht mit seinem linken Bein nach hinten aus. TORI stellt seinen linken Fuß auf dieselbe Stelle, wo vorher UKEs linker Fuß gestanden hatte. Er zieht UKE sofort mit seinen Händen nach vorne und dreht sich dann zum H. SODE TSURI KOMI GOSHI ein.

Weitere Möglichkeiten:

O UCHI GARI – TSURI KOMI GOSHI
TSURI KOMI GOSHI – O UCHI GARI

(H. KO UCHI GARI – H. SODE TSURI KOMI GOSHI)

Scheinangriff

TORI täuscht UKE mit H. KO SOTO GARI. UKE reagiert auf diesen vermeintlich echten Angriff nach rechts.
TORI schwingt sein rechtes Bein nach vorne links und dreht sich zum TSURI KOMI GOSHI ein. Er profitiert dabei von UKEs Reaktion und wirft ihn über seine Hüfte nach vorne.

Weitere Möglichkeiten:

TSURI KOMI GOSHI – O UCHI GARI
TSURI KOMI GOSHI – H. SODE TSURI KOMI GOSHI

(H. KO SOTO GARI – TSURI KOMI GOSHI)

Direkter Konterangriff

USHIRO GOSHI
gegen TSURI KOMI GOSHI

UKE dreht sich zum TSURI KOMI GOSHI ein. TORI beugt seine Knie, verlagert seinen Schwerpunkt nach unten und zieht UKE dann nach hinten gegen seinen Körper.

TORI legt seinen linken Arm von hinten nach vorne um UKEs Körper und erfaßt UKEs Gürtel mit seiner linken Hand.

TORI streckt schnell seine Beine, stößt UKE mit dem Becken von unten nach oben und wirft ihn dann vor sich auf den Rücken.

Direkter Konterangriff

KO SOTO GAKE gegen H. SODE TSURI KOMI GOSHI

UKE dreht sich zum H. SODE TSURI KOMI GOSHI ein. TORI blockiert diesen Angriff; er drückt mit seiner linken Hand gegen UKEs linke Hüftseite und zieht ihn gleichzeitig mit der rechten Hand zurück.

TORI verlagert gleichzeitig sein Körpergewicht nach rechts und blockiert UKEs rechtes Bein von außen mit seiner rechten Fußsohle.

Er stößt UKE mit seinem Körper nach rechts. Dadurch verliert dieser sein Gleichgewicht und fällt auf seine rechte Körperseite.

Indirekter Konterangriff

TSURI KOMI GOSHI gegen O UCHI GARI

UKE greift mit O UCHI GARI an.

TORI entweicht sofort mit seinem linken Bein kreisförmig nach hinten, stellt es dann hinter seinem rechten Bein ab und zieht UKE schnell nach vorne.

TORI dreht sich sofort weiter zum TSURI KOMI GOSHI ein und wirft UKE über seine Hüfte nach vorne ab.

Vierte Familie

TAI OTOSHI

O UCHI GARI

O SOTO GARI

H. KO SOTO GARI

1. Angriff – Reaktion – Angriff

    O UCHI GARI – O SOTO GARI

2. Wurfverkettung

    H. KO SOTO GARI – TAI OTOSHI

3. Scheinangriff

    O UCHI GARI – SASAE TSURI KOMI ASHI

4. Direkter Konterangriff

    KO SOTO GAKE gegen TAI OTOSHI
    H. SASAE TSURI KOMI ASHI gegen H. KO SOTO GARI

5. Indirekter Konterangriff

    KO SOTO GAKE gegen TAI OTOSHI
    KO SOTO GARI gegen TSUBAME GAESHI

H. KO SOTO GARI

UKE geht mit seinem rechten Bein zurück, und TORI geht mit seinem linken Bein nach vorne rechts, vor UKEs linke Fußspitze.
TORI drückt mit seinen Händen UKE nach hinten links und sichelt dessen linkes Bein von außen und hinten mit seiner rechten Fußsohle nach vorne hin weg.

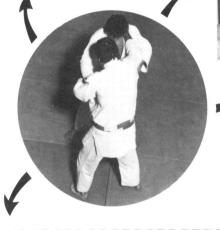

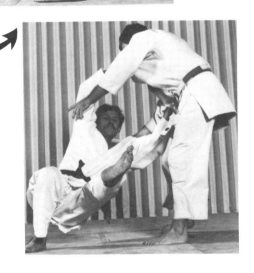

Angriff – Reaktion – Angriff

TORI greift UKE mit O UCHI GARI an. UKE verteidigt sich, indem er sein Körpergewicht auf das linke Bein verlagert und sich dann mit der linken Körperseite nach vorne gegen TORI dreht.
TORI kommt nicht zum Wurferfolg mit O UCHI GARI.

(O UCHI GARI – O SOTO GARI)

TORI geht in seine Ausgangsstellung zurück und geht dann sofort zu einem O SOTO GARI über.

Die ersten beiden Schritte für den O SOTO GARI sind ähnlich dem Eingang zum O UCHI GARI.

UKE verteidigt sich wie gegen O UCHI GARI, und TORI schwingt sein rechtes Bein nach vorne zum O SOTO GARI.

Da UKE auf diesen Angriff nicht gefaßt ist, kommt TORI mit seinem O SOTO GARI zum Erfolg.

Weitere Möglichkeiten:

O UCHI GARI – TAI OTOSHI
O SOTO GARI – TAI OTOSHI

Wurfverkettung

TORI greift UKE stark mit H. KO SOTO GARI an. Er kann UKE nicht werfen, da dieser mit seinem linken Bein nach hinten ausweicht.
TORI stellt seinen rechten Fuß auf dieselbe Stelle, wo vorher UKEs linker Fuß gestanden hatte.
Er zieht UKE mit beiden Händen nach vorne rechts aus dem Gleichgewicht und dreht sich dann ohne zu zögern weiter zum TAI OTOSHI ein.
TORI muß UKE in dem Moment, wo dieser nach hinten ausweicht, so stark nach vorne ziehen, daß UKE seinen linken Fuß nicht auf die Matte abstellen kann.

(H. KO SOTO GARI – TAI OTOSHI)

(O UCHI GARI – SASAE TSURI KOMI ASHI)

Scheinangriff

TORI täuscht O UCHI GARI an und berührt UKEs linkes Bein leicht von innen mit seinem rechten Bein.

UKE reagiert sofort nach rechts, und TORI nutzt diese Bewegung aus, indem er UKE mit beiden Händen nach vorne rechts zieht und dadurch UKES Gleichgewicht über das rechte Bein nach vorne bricht. TORI dreht sich nach hinten und links herum und setzt SASAE TSURI KOMI ASHI an.

Direkter Konterangriff

KO SOTO GAKE gegen TAI OTOSHI

UKE dreht sich zum TAI OTOSHI ein. TORI zieht und drückt UKE nach links und bricht dann dessen Gleichgewicht nach links.

TORI schwingt sein linkes Bein nach links und blockiert mit seiner linken Fußsohle UKEs linkes Bein von außen.

TORI hebt UKE mit seinen Händen und seinem linken Bein an und wirft ihn nach links auf die linke Körperseite.

Direkter Konterangriff

H. SASAE TSURI KOMI ASHI gegen H. KO SOTO GARI

UKE setzt H. KO SOTO GARI an.

TORI leistet Widerstand, drückt sich dann über sein linkes Bein nach rechts und zieht UKE mit sich nach links.

TORI dreht sich im selben Moment, da UKE sein Gleichgewicht nach vorne verliert, nach hinten links und setzt sofort H. SASAE TSURI KOMI ASHI an.

Indirekter Konterangriff

KO SOTO GAKE gegen TAI OTOSHI

TORI weicht UKEs TAI OTOSHI aus, indem er mit seinem rechten Bein über UKEs vorgestelltes rechtes Bein nach vorne geht.

TORI dreht seine rechte Fußspitze nach links und drückt sich über sein rechtes Bein nach vorne gegen UKE.

TORI drückt mit seiner linken Hand UKEs rechten Ellenbogen nach unten und hängt sich dann mit seinem linken Bein von hinten an UKEs rechtes Bein ein.

TORI wirft sich nach vorne gegen UKE und drückt ihn nach hinten aus dem Gleichgewicht.

Indirekter Konterangriff

KO SOTO GARI – TSUBAME GAESHI

UKE versucht, mit seiner linken Fußsohle TORIs rechtes Bein nach links wegzusicheln.

TORI hebt seinen rechten Unterschenkel nach hinten an, wodurch UKEs linkes Bein nach rechts ins Leere fegt.

TORI fegt sofort mit seiner rechten Fußsohle UKEs linkes Bein weiter nach rechts, zieht UKE dann mit der rechten Hand nach unten und stößt ihn mit der linken Hand nach rechts.

HARAI GOSHI von Guy Auffray

Fünfte Familie

O SOTO GARI

H. SASAE TSURI KOMI ASHI

SOTO MAKI KOMI

OBI TORI GAESHI

1. Angriff – Reaktion – Angriff

    O SOTO GARI – SOTO MAKI KOMI

2. Wurfverkettung

    O SOTO GARI – SOTO MAKI KOMI

3. Scheinangriff

    O SOTO GARI – OBI TORI GAESHI

4. Direkter Konterangriff

    KO SOTO GAKE gegen O SOTO GARI
    H. SASAE TSURI KOMI ASHI gegen H. SASAE TSURI KOMI ASHI

5. Indirekter Konterangriff

    YOKO SHIHO GATAME gegen OBI TORI GAESHI
    YOKO GURUMA gegen SOTO MAKI KOMI

SOTO MAKI KOMI

Dieser Wurf ist nicht in eine der klassischen Wurfgruppen eingeordnet. Er ist aber den SUTEMI-WAZA-Techniken am nächsten.

Schwere Kämpfer kommen mit dieser Technik gut zurecht, da ihr Körpergewicht dabei voll zum Einsatz kommt.

TORI zieht UKEs rechten Arm mit seiner linken Hand nach vorne gegen seine Brust und dreht sich dann kreisförmig zum Wurf ein.
Er führt seinen rechten Arm über UKEs Kopf nach links, stellt sein rechtes Bein von außen gegen UKEs rechtes Bein und wirft sich mit UKE nach vorne rechts gegen die Matte.

OBI TORI GAESHI

Dieser Wurf gehört zu den MA SUTEMI WAZA.

TORI erfaßt mit seiner linken Hand UKEs rechten Jackenärmel und ergreift dann mit seiner rechten Hand über UKE hinweg dessen Gürtel auf dem Rücken.

TORI geht mit seinem linken Bein nach vorne und drückt sein rechtes Schienbein gegen UKEs rechte Leiste.

Er wirft sich unter UKE nach hinten auf den Rücken und zieht ihn nach vorne über sich hinweg.

Diese Technik läßt sich dann gut anwenden, wenn UKE nach vorne abgebeugt steht.

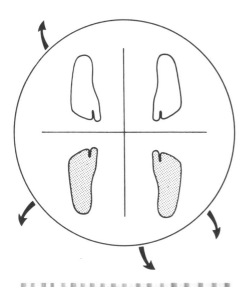

Angriff – Reaktion – Angriff

TORI setzt O SOTO GARI an. UKE leistet sofort starken Widerstand und drückt sich nach vorne (über seine Beine) gegen UKE, um nicht nach hinten geworfen zu werden.

(O SOTO GARI – SOTO MAKI KOMI)

TORI kehrt in seine Ausgangsstellung zurück. Er greift jetzt von neuem mit SOTO MAKI KOMI an. Dabei realisiert er denselben Eingang wie zum O SOTO GARI.

UKE, der jetzt einen O SOTO GARI vermutet, reagiert nach vorne und wird von TORI mit SOTO MAKI KOMI nach vorne rechts geworfen.

Weitere Möglichkeiten:

O SOTO GARI – H. SASAE TSURI KOMI ASHI
O SOTO GARI – OBI TORI GAESHI

(O SOTO GARI – SOTO MAKI KOMI)

Wurfverkettung

TORI greift mit O SOTO GARI an. UKE leistet Widerstand und drückt TORI zurück. TORI stellt seinen rechten Fuß hinter UKEs rechtes Bein auf die Matte. Er dreht sich nach vorne links herum und schwingt seinen rechten Arm über UKEs Kopf nach links.
TORI wirft sich nach vorne rechts gegen die Matte und reißt UKE mit sich nach unten.

(O SOTO GARI – OBI TORI GAESHI)

Scheinangriff

TORI täuscht O SOTO GARI an. UKE reagiert stark nach vorne, beugt sich etwas ab und zieht dann sein rechtes Bein nach hinten.
TORI streckt seinen Arm nach vorne über UKEs Körper und erfaßt mit seiner rechten Hand UKEs Gürtel auf dem Rücken. Er zieht UKE nach vorne und bringt ihn etwas aus dem Gleichgewicht. TORI wirft sich nach hinten auf den Rücken und zieht UKE nach vorne über sich hinweg.

Direkter Konterangriff

KO SOTO GAKE
gegen O SOTO GARI

UKE versucht, TORI mit O SOTO GARI nach hinten zu werfen.
TORI zieht sein rechtes Bein etwas zurück und verlagert sein Körpergewicht auf das rechte Bein.

TORI drückt UKE mit seinen Händen und seinem Körper nach hinten links und blockiert mit seiner linken Fußsohle UKEs linkes Standbein von hinten und außen.

TORI hebt UKE etwas an und wirft ihn dann nach hinten links.

Direkter Konterangriff

H. SASAE TSURI KOMI ASHI
gegen
H. SASAE TSURI KOMI ASHI

UKE greift TORI mit H. SASAE TSURI KOMI ASHI an.
TORI blockiert diesen Angriff und UKE gelangt nicht zum Wurferfolg.

Mit seinen Händen zieht er UKE nach vorne links über das Standbein aus dem Gleichgewicht.

TORI greift UKE jetzt ebenfalls mit H. SASAE TSURI KOMI ASHI an.

Indirekter Konterangriff

YOKO GURUMA gegen SOTO MAKI KOMI

UKE versucht, sich zum SOTO MAKI KOMI einzudrehen.
TORI ergreift mit seiner linken Hand UKEs Gürtel auf dem Rücken.

Er entweicht mit seinem rechten Bein nach vorne rechts über UKEs vorgestelltes rechtes Bein.

TORI schwingt jetzt sein rechtes Bein zwischen UKEs beide Beine und gleitet mit seinem Körper nach vorne und um UKE herum.

TORI wirft sich nach hinten auf seine linke Körperseite (unter UKE) und zieht diesen dann mit sich nach vorne rechts.

Indirekter Konterangriff

YOKO SHIHO GATAME gegen OBI TORI GAESHI

UKE initiiert einen OBI TORI GAESHI-Angriff.
TORI entweicht nach vorne links mit seinem rechten Bein, beugt sich nach vorne ab und erfaßt dann mit seiner linken Hand von unten und innen UKEs rechtes Hosenbein.

TORI entweicht mit seinen Beinen weiter nach vorne rechts und hebt mit seiner linken Hand UKEs rechtes Bein an. Dadurch wird UKE nach hinten auf die Matte gedrückt.

TORI springt nach vorne gegen UKE und geht über in YOKO SHIHO GATAME.

Ein UCHI MATA von G. Decherchi

Sechste Familie

HARAI GOSHI

O SOTO GARI

O UCHI GARI

NIDAN KO SOTO

1. Angriff – Reaktion – Angriff

    HARAI GOSHI – O UCHI GARI

2. Wurfverkettung

    O SOTO OTOSHI – HARAI GOSHI

3. Scheinangriff

    H. KO SOTO GARI – H. NIDAN KO SOTO

4. Direkter Konterangriff

    TANI OTOSHI gegen HARAI GOSHI
    O UCHI GARI gegen H. NIDAN KO SOTO

5. Indirekter Konterangriff

    HARAI GOSHI gegen O UCHI GARI

H. NIDAN KO SOTO

Dieser Wurf besteht aus zwei Phasen.
Die erste Stufe ist der KO SOTO GARI,
die zweite Stufe der KO SOTO GAKE.

TORI greift mit seiner rechten Fußsohle
UKEs linkes Bein von außen an, bringt
UKE nach hinten aus dem Gleichgewicht und schwingt dann seinen rechten Fuß weiter von hinten gegen UKEs
rechtes Bein.

TORI blockiert mit seinem rechten Fuß
UKEs rechtes Bein und drückt UKE mit
seinen Händen und seinem Körper weiter nach hinten rechts.

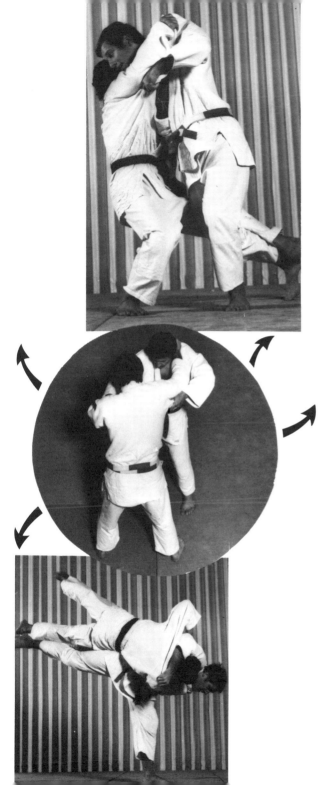

Angriff – Reaktion – Angriff

UKE leistet Widerstand gegen TORIs HARAI GOSHI, so daß TORI ihn nicht werfen kann.

(HARAI GOSHI – O UCHI GARI)

TORI geht in seine Ausgangsstellung zurück. Er greift UKE jetzt direkt mit O UCHI GARI an, wobei er die ersten beiden Schritte wie zum HARAI GOSHI ausführt.

UKE, der einen HARAI GOSHI erwartet, reagiert nach hinten, und TORI sichelt mit seinem rechten Bein UKEs linkes Bein von innen und hinten nach vorne hin weg.

Weitere Möglichkeiten:

HARAI GOSHI – O SOTO OTOSHI
O UCHI GARI – O SOTO OTOSHI

(O SOTO OTOSHI – HARAI GOSHI)

Wurfverkettung

UKE drückt sich über seine Beine nach vorne gegen TORI und sperrt somit TORIs O SOTO OTOSHI.

TORI springt sofort nach vorne links herum und dreht sich zum HARAI GOSHI ein. Er nutzt UKEs Bewegung nach vorne aus und wirft ihn dann nach vorne rechts über seine Hüfte und seinen rechten Oberschenkel.

(H. KO SOTO GARI – H. NIDAN KO SOTO)

Scheinangriff

TORI täuscht einen H. KO SOTO GARI an, d. h. er tippt mit seiner rechten Fußsohle UKEs linkes Bein von hinten nach vorne leicht an.

UKE, der einen echten Angriff vermutet, versucht, sein Körpergewicht auf sein linkes Bein zu verlagern. TORI schwingt im selben Moment seine rechte Fußsohle von hinten nach vorne gegen UKEs rechtes Bein, hebt UKE dann mit seinen Händen etwas an und wirft ihn nach hinten rechts.

Direkter Konterangriff

TANI OTOSHI gegen HARAI GOSHI

UKE dreht sich zum HARAI GOSHI ein. TORI leistet mit seinem Körper Widerstand und zieht UKE mit seinen Händen nach hinten.

TORI schwingt sein linkes Bein hinter UKEs Standbein

und wirft sich dann selbst hinter UKE auf seine linke Körperseite und zieht UKE mit sich nach hinten auf die Matte.

Direkter Konterangriff

H. O UCHI GARI gegen H. NIDAN KO SOTO

UKE versucht, TORI nach hinten mit H. NIDAN KO SOTO zu werfen.

TORI leistet Widerstand und dreht sich nach hinten rechts herum.

Er sichelt im selben Moment mit seinem linken Bein das nach vorne kommende Bein von UKE nach vorne hinweg und drückt UKE mit seinen Händen nach hinten auf die Matte.

Indirekter Konterangriff

HARAI GOSHI gegen O UCHI GARI

UKE greift mit O UCHI GARI an.

TORI geht mit seinem linken Bein kreisförmig nach hinten und entweicht dadurch UKEs Sichelbewegung.
Er stellt sein linkes Bein hinter sein rechtes, zieht UKE mit seinen Händen schnell nach vorne und bringt UKE nach vorne rechts aus dem Gleichgewicht.
TORI hüpft auf seinem linken Fuß nach vorne links herum und dreht sich zum HARAI GOSHI ein.

Siebente Familie

UCHI MATA

H. TANI OTOSHI

KO UCHI GARI

O UCHI GARI

1. Angriff – Reaktion – Angriff

    UCHI MATA – O UCHI GARI

2. Wurfverkettung

    O UCHI GARI – H. HARAI TSURI KOMI ASHI

3. Scheinangriff

    UCHI MATA – KO UCHI GARI

4. Direkter Konterangriff

5. Indirekter Konterangriff

    (siehe die Kontertechniken gegen UCHI MATA und H. TANI OTOSHI in der siebten Wurfgruppe)

UCHI MATA

Um UCHI MATA mit KO UCHI GARI und O UCHI GARI zu kombinieren, ist es zweckmäßig, UCHI MATA mit einer seitlichen Eingangsform zu erlernen.

TORI stellt sein rechtes Bein nach vorne zwischen UKEs beide Beine (seine Fußspitze zeigt dabei nach links). TORI zieht UKE nach vorne gegen seine rechte Körperseite, stellt sein linkes Bein neben das rechte und schwingt dann sein rechtes Bein von unten nach oben. UKE wird dadurch etwas angehoben und verliert sein Gleichgewicht nach vorne. TORI dreht sich nach vorne links herum und wirft UKE über seinen rechten Oberschenkel nach vorne rechts ab.

207

Angriff – Reaktion – Angriff

TORI dreht sich zum UCHI MATA ein; er kommt nicht zum Wurferfolg, da UKE Widerstand leistet und nach hinten reagiert.

(UCHI MATA – O UCHI GARI)

TORI greift jetzt mit O UCHI GARI an, und zwar mit demselben Eingang wie zum UCHI MATA. UKE reagiert wieder nach hinten, und TORI nutzt diese Bewegung aus und wirft UKE in seine Reaktionsrichtung mit O UCHI GARI.

Weitere Möglichkeiten:

UCHI MATA – H. TANI OTOSHI
UCHI MATA – KO UCHI GARI

Wurfverkettung

TORI greift UKE mit O UCHI GARI an. UKE weicht mit seinem linken Bein nach hinten aus.
UKE geht sofort mit seinem rechten Bein weiter zurück. TORI folgt ihm mit einem Schritt nach vorne links. TORI stößt UKE mit seinen Händen noch weiter zurück und zwingt UKE dadurch, mit seinem linken Bein noch weiter zurückzugehen.

TORI angelt UKE, der im Begriff ist, nach hinten zu gehen, nach vorne oben und fegt dann mit seiner rechten Fußsohle UKEs linkes Bein von vorne nach hinten unter dessen Körper hinweg.

Weitere Möglichkeiten (UKE leistet Widerstand):
UCHI MATA – O UCHI GARI
UCHI MATA – KO UCHI GARI

Scheinangriff

TORI täuscht UCHI MATA an. UKE versucht, nach vorne rechts auszuweichen. UKE hat seinen rechten Fuß noch nicht auf der Matte abgesetzt, als TORI mit seiner rechten Fußsohle UKEs rechtes Bein von innen und hinten nach vorne wegsichelt.
TORI wirft sich nach vorne gegen UKE und folgt ihm dann in die Bodenlage nach.

Übergang vom Stand in die Bodenlage

Von KO UCHI GARI in KESA GATAME

TORI wirft UKE mit KO UCHI GARI. Er folgt UKE in die Bodenlage.

TORI drückt mit seinem rechten Schienbein UKEs rechten Oberschenkel auf die Matte und hält UKE mit seiner rechten Körperseite unter Kontrolle.

TORI geht mit seinem rechten Bein nach vorne und zieht dann sein linkes Bein sofort nach.

Er rutscht weiter nach vorne und hält UKE in KESA GATAME fest.

Übergang in die Bodenlage

von O UCHI GARI in KESA GATAME

TORI zwingt UKE mit O UCHI GARI in die Bodenlage, ohne dabei den Körperkontakt mit UKE aufzugeben.

Im Moment, da UKE mit dem Rücken die Matte berührt, schnellt TORI seine Hüfte und Beine nach oben,

dreht sich nach rechts, springt mit seinen Beinen nach vorne über UKEs linken Oberschenkel

und geht dann in KESA GATAME über.

Zusammenstellung der individuellen Wurffamilie

1. Angriff – Reaktion – Angriff ....

2. Wurfverkettung ....

3. Scheinangriff ....

4. Direkte Kontertechniken ....

5. Indirekte Kontertechniken ....

6. Wahl der Fußfegetechniken ....

7. Übergang vom Stand in die Bodenlage

    von ....

    in ....

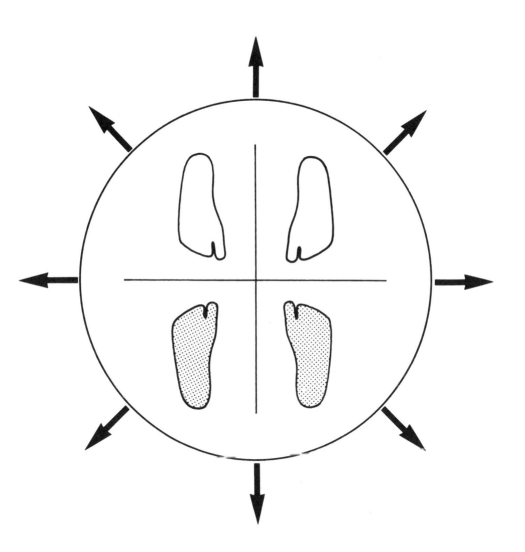

Es ist unbedingt erforderlich, einen intensiven Trainingsplan einzuhalten, um schnelle Fortschritte machen zu können.
Der Körper soll so geschult werden, daß er automatisch richtig reagiert. Dieses Stadium ist aber nur aufgrund eines systematisch und logisch aufgebauten Übungsplans zu erreichen.

Eine Tabelle gibt Ihnen die wichtigsten Hinweise über einen solchen sinnvollen Aufbau des Judounterrichts.

Trainingstafel

ÜBUNGEN	DAUER	< 8 Monate	< 2 Jahre	< 3 Jahre	> 3 Jahre
1. Aufwärmgymnastik	10 Min.				
2. UKEMI	3 Min.				
3. TECHNIKEN	10 Min.				
4. UCHI KOMI	10 Min.				
5. YATSUKOKU GEIKO	5 Min.				
6. KAKARI GEIKO	5 Min.				
7. RANDORI	30–60 Min.		30 Min.	45 Min.	60 Min.
8. NAGE KOMI	5 Min.				
3a TECHNIKEN	10 Min.				
9. ABSCHLUSS-GYMNASTIK	5 Min.				

Wortverzeichnis

A
Ashi Waza : Bein- oder Fußtechniken
Ayumi Ashi : das Gehen auf der Matte

B
Barai : Fegen

D
De Ashi Barai : Fußfegen

G
Gaeshi : Kontern
Gake : Einhängen
Gari : Sicheln
Geiko : Übung

H
Harai Goshi : Hüftfegen
Harai Tsuri Komi Ashi : Fußfegen mit Hebezug
Hidari : Links

I
Ippon seoi Nage : Schulterwurf mit einer Hand

J
Jigotai : Verteidigungsstellung
Judo : Kampfsport, 1882 von Jigoro Kano begründet
Judoka : Judosportler
Judogi : Judoanzug

K
Kakari Geiko : Angriff gegen einen sperrenden Partner
Kake : Abwurf
Kami Shiho Gatame : oberer Vierer (fundamentaler Haltegriff)
Kata Gatame : Schulterschärpe (fundamentaler Haltegriff)
Kesa Gatame : Schärpe (fundamentaler Haltegriff)
Ko : klein
Koshi Waza : Hüftwurf
Ko Soto Barai : kleines Fußfegen von außen
Ko Soto Gake : kleines Einhängen von außen
Ko Soto Gari : kleine Außensichel
Ko Uchi Gari : kleine Innensichel
Ko Uchi Maki Komi : kleines Einhängen von innen und Mitfallen

Kumi Kata	:	der Griff, wie man den Partner erfaßt
Kuzure	:	Veränderung
Kuzushi	:	Gleichgewichtsbrechung

M
Ma Sutemi	:	Fallen in die gerade Rückenlage
Migi	:	rechts
Morote Seoi Nage	:	Schulterwurf mit beiden Händen

N
Nage Komi	:	Werfen des Partners (spezielles Training für Kuzushi, Tsukuri und Kake)
Nidan Ko Soto	:	zweite Stufe vom Ko Soto Gake

O
O	:	groß
Obi Tori Gaeshi	:	Eckenwurf mit Erfassen des Gürtels
Okuri Ashi Barai	:	Fußnachfegen
O Soto Gaeshi	:	Konterwurf gegen O Soto Gari
O Soto Gari	:	große Außensichel
O Soto Otoshi	:	großer Außenwurf mit sperrendem Bein
O Uchi Gaeshi	:	Konterwurf gegen O Uchi Gari
O Uchi Gari	:	große Innensichel

R
Randori	:	Freier Kampf (Übungskampf)

S
Sasae Tsuri Komi Ashi	:	Hebestützfußhalten
Seoi Otoshi	:	Schulterwurf mit vorgestelltem Bein
Shintai Tai Sabaki	:	Körperbewegungen um die eigene Achse
Shizei	:	Körperhaltungen
Shizen Hontai	:	Grundstellung
Sode Tsuri Komi Goshi	:	Hebezug, Hüftwurf durch Erfassen der Ärmel
Soto	:	außen
Soto Maki Komi	:	Außendrehwurf
Sutemi Waza	:	Würfe; der Ausführende wirft sich auf den Rücken oder auf die Seite
Suwari Seoi	:	Schulterwurf auf den Knien

T
Tai Otoshi	:	Körperwurf mit sperrendem Bein
Tai Sabaki	:	Körperdrehungen
Tani Otoshi	:	Talfallzug
Tate Shiho Gatame	:	Reitvierer (fundamentaler Haltegriff)
Te Guruma	:	Veränderung vom Schaufelwurf
Te Waza	:	Handwürfe
Tomoe Nage	:	Kopfwurf
Tori	:	der Ausführende

Tsubame Gaeshi	:	Kontern durch Nachfegen
Tsugi Ashi	:	Nachstellschritt
Tsukuri	:	Eingang zum Wurf
Tsuri	:	Angeln
Tsuri Komi Goshi	:	Hebezug, Hüftwurf

U

Uchi	:	innen
Uchi Komi	:	Wurfeindrehübungen (spezielles Training für Kuzushi und Tsukuri)
Uchi Mata	:	Schenkelwurf
Uchi Mata Sukashi	:	Kontern von Uchi Mata durch Ausweichen
Uke	:	der Geworfene
Ukemi	:	Fallübungen
Ura Nage	:	Rückenwurf
Ushiro Goshi	:	Hüftgegenwurf

W

Waki Otoshi	:	Körperwurf mit Hebel

Y

Yakusoku Geiko	:	Wurfübungen aus der freien Bewegung
Yoko	:	Seite
Yoko Guruma	:	Seitenrad
Yoko Jime	:	Würgegriff mit Hilfe einer Körperseite
Yoko Shiho Gatame	:	Seitvierer (fundamentaler Haltegriff)
Yoko Sutemi Waza	:	Würfe durch die seitliche Rückenlage

Unser Tip:

Budo-Lexikon
1500 Fachausdrücke fernöstlicher Kampfsportarten (0383) Von Herbert Velte, 138 S., 95 Abb., kart., DM 9,80

Budo-Weisheiten
und praktische Ratschläge (0408) Herausgegeben von Herbert Velte, 80 S., 8 Zeichnungen, kart., DM 9,80

Bruce Lee
Sein Leben und Kampf. Von seiner Frau Linda. (0392) deutsch von W. Nottrodt, 136 S. mit vielen Abb., DM 16,80

Dynamische Tritte
Grundlagen für den Freikampf (0438) Von Chong Lee, übersetzt von Manfred Pabst, 96 S., 398 Fotos, 10 Zeichnungen, kart., DM 9,80

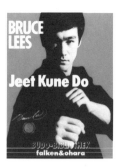

Bruce Lees Jeet Kune Do
(0440) Von Bruce Lee, übersetzt von Hans Jürgen Hesse, 208 S., mit 105 eigenhändigen Zeichnungen Bruce Lees, kart., DM 19,80

Fußwürfe
für Judo, Karate und Selbstverteidigung (0439) Von Hayward Nishioka, übersetzt von Hans Jürgen Hesse, 96 S., 260 Abb., kart., DM 9,80

Falken-Verlag · Postfach 1120 · 6272 Niedernhausen/Ts.

VERLAGS-VERZEICHNIS IN KURZFASSUNG

DAS PRAXISNAHE BUCHPROGRAMM

MIT 1000 TIPS FÜR JEDERMANN

HOBBY

Hobby-Basteln Freizeit-Werken
(4050) Herausgegeben von Diethelm Reichart, 320 Seiten mit ca. 400 Abbildungen, größtenteils vierfarbig, gebunden, mit Schutzumschlag.
DM 29,80

Hobby-Bauernmalerei
(0436) Von Senta Ramos und Jo Roszak, 80 Seiten mit 116 Farbabbildungen und 28 Motivvorlagen, kartoniert, **DM 13,80**

Moderne Schmalfilmpraxis
Ausrüstungen · Drehbuch · Aufnahme · Schnitt · Vertonung
(4043) Von Uwe Ney, 328 Seiten mit über 200 Abbildungen, teils vierfarbig, Balacron mit vierfarbigem Schutzumschlag, **DM 29,80**

Schmalfilmen. Ausrüstung – Aufnahmepraxis – Schnitt und Ton. (0342) Von Uwe Ney, 100 Seiten, 4 Farbtafeln und 25 Abbildungen, kartoniert, **DM 6,80**
Münzen. Ein Brevier für Sammler. (0353) Von Erhard Dehnke, 128 Seiten, 30 Abbildungen – teils farbig, kartoniert, **DM 6,80**
Ikebana Band 1: Moribana-Schalenarrangements. (0300) Von Gabriele Vocke, 164 Seiten, 40 großformatige Vierfarbtafeln, 66 Schwarzweißfotos und Graphiken, gebunden, **DM 19,80**
Ikebana Band 2: Nageire-Vasenarrangements. (0348) Von Gabriele Vocke, 160 Seiten, 32 Farbtafeln, 73 Abbildungen, gebunden, **DM 19,80**
Arbeitsheft zum Lehrbuch Ikebana. (0319) Von Gabriele Vocke, 79 Seiten, 16 Graphiken, kartoniert, **DM 6,80**
Blumengestecke im Ikebanastil. (5041) Von Gabriele Vocke, 64 Seiten mit 37 vierfarbigen Abbildungen und vielen Zeichnungen, kartoniert, **DM 14,80**
CB-Code. Wörterbuch und Technik. (0435) Von Richard Kerler, 120 Seiten mit technischen Abbildungen, kartoniert, **DM 7,80**
Bauernmalerei – leicht gemacht. (5039) Von Senta Ramos, 64 Seiten, 78 vierfarbige Abbildungen, Pappband, **DM 9,80**
Arbeiten mit Ton. (5048) Von Johann Fricke, Fernsehbegleitbuch, 128 Seiten mit 166 Schwarzweißfotos und 15 Farbtafeln, kartoniert, **DM 14,80**

Hinterglasmalerei – leicht gemacht. (5062) Von Horst Hennicke, 64 Seiten, 63 Abbildungen, 2 Zeichnungen, durchgehend vierfarbig, Pappband, **DM 9,80**
Transparente Glasmalerei – leicht gemacht. (5064) Von Felizitas Krettek, 64 Seiten mit 62 vierfarbigen Abbildungen, Pappband, **DM 9,80**
Zugeschaut und mitgebaut Band 1. Helmut Scheuer im Hobby-Keller – ein ZDF-Fernsehbegleitbuch. (5031) Von Helmut Scheuer, 96 Seiten, 218 Farbabbildungen und Schwarzweißfotos, kartoniert, **DM 14,80**
Zugeschaut und mitgebaut Band 2. Helmut Scheuer im Hobby-Keller. (5061) Von und mit Helmut Scheuer, 120 Seiten mit 277 farbigen und schwarzweißen Abbildungen, kartoniert, **DM 14,80**
Moderne Fotopraxis. Bildgestaltung – Aufnahmepraxis – Kameratechnik – Fotolexikon. (4030) Von Wolfgang Freihen, 304 Seiten, davon 50 vierfarbig, Balacron mit vierfarbigem Schutzumschlag, abwaschbare Polyleinprägung, **DM 29,80**
Ikebana modern. (4031) Von Gabriele Vocke, 168 Seiten, davon 40 ganzseitige Vierfarbtafeln und mit vielen Zeichnungen, Ganzleinen mit vierfarbigem cellophaniertem Schutzumschlag, **DM 36,–**
Blumen arrangieren. Zauberhafte Gestecke im Ikebana-Stil. (4049) Von Gabriele Vocke, 160 Seiten mit 31 Farbtafeln und über 70 Zeichnungen, gebunden mit Schutzumschlag, **DM 36,–**
Das bunte Bastelbuch. (0269) Von Ruth Scholz-Peters, 160 Seiten, 172 Abbildungen, davon 46 farbig, kartoniert, **DM 9,80**
Origami – die Kunst des Papierfaltens. (0280) Von Robert Harbin, 160 Seiten, über 600 Zeichnungen, kartoniert, **DM 8,80**
Moderne Basteleien für groß und klein. Raumschmuck, Spielzeug, Geschenke. (0183) Von I. Goldbeck, 84 Seiten, 80 Abbildungen, kartoniert, **DM 4,80**
Ferngelenkte Motorflugmodelle – bauen und fliegen. (0400) Von Werner Thies, 184 Seiten mit Zeichnungen und Detailplänen, kartoniert, **DM 12,80**
Findet den ersten Stein! Mineralien, Steine und Fossilien. Grundkenntnisse für Hobby-Sammler. (0437) Von Dieter Stobbe, 96 Seiten, 16 Farbtafeln, 14 Fotos und 10 Zeichnungen, kartoniert, **DM 9,80**
Mineralien und Steine. Farben – Formen – Fundorte. (0409) Von Rudolf Graubner, 144 Seiten mit 90 Farbabbildungen, flexibel kartoniert, **DM 9,80**
Häkeln und Makramee. Techniken – Geräte – Arbeitsmuster. (0320) Von Dr. Marianne Stradal, 104 Seiten mit 191 Abbildungen und Schemata, kartoniert, **DM 6,80**
Stricken, häkeln, loopen. (0205) Von Dr. Marianne Stradal, 96 Seiten, 100 Abbildungen, kartoniert, **DM 5,80**
Selbstschneidern – mein Hobby. (0185) Von H. Wohlert, 128 Seiten, 233 Abbildungen, kartoniert, **DM 6,80**
Die Selbermachers renovieren ihre Wohnung. (5013) Von Wilfried Köhnemann, 148 Seiten, 374 Farbabbildungen, Zeichnungen und Fotos, kartoniert, **DM 14,80**
Selbst tapezieren und streichen. (0289) Von Dieter Heitmann und Jürgen Geithmann, 96 Seiten, 49 Fotos, kartoniert, **DM 5,80**
Möbel aufarbeiten, reparieren und pflegen. (0386) Von E. Schnaus-Lorey, 96 Seiten, 104 Fotos und Zeichnungen, kartoniert, **DM 6,80**
Heimwerker-Handbuch. (0243) Von Bernd Käsch, 204 Seiten, 229 Fotos und Zeichnungen, kartoniert, **DM 9,80**

Papier-Basteleien
(0406) Von Lena Nessle, aus dem Schwedischen übertragen von Angelika Lampe-Gegenheimer, 96 Seiten mit 84 Fotos und 70 Zeichnungen, teils zweifarbig, kartoniert, **DM 6,80**

Die Erben Lilienthals
Sportfliegen heute
(4054) Von Günter Brinkmann, 240 Seiten, 32 Farbtafeln, 176 Schwarzweißfotos, 33 Zeichnungen, mit vierfarbigem Schutzumschlag, gbd., **DM 29,80**

Flugmodelle
bauen und einfliegen
(0361) Von Werner Thies und Willi Rolf, 160 Seiten, 63 Abbildungen und 7 Faltpläne, kartoniert, **DM 9,80**

SPORT

Squash. Ausrüstung – Technik – Regeln. (0389) Von Knut Fricke, 84 Seiten, 90 Abbildungen und Zeichnungen, kartoniert, **DM 9,80**
Tischtennis – modern gespielt, mit TT-Quiz 17:21. (0363) Von Ossi Brucker und Tibor Harangozo, 120 Seiten, 65 Abbildungen, kartoniert, **DM 9,80**
Basketball. Übungen und Technik für Schule und Verein. (0279) Von Chris Kyriasoglou, 116 Seiten mit 252 Übungen zur Basketballtechnik, 186 Fotos und 164 Zeichnungen, kartoniert, **DM 12,80**
Volleyball. Technik – Taktik – Regeln. (0351) Von Henner Huhle, 102 Seiten, 330 Abbildungen, kartoniert, **DM 9,80**
Eishockey. Technik – Taktik – Regeln. (0414) Von Roman Neumayer, ca. 144 Seiten mit ca. 90 Fotos und Abbildungen, kartoniert, ca. **DM 9,80**
Hockey. Grundschule – Training – Taktik. (0398) Von Horst Wein, 152 Seiten mit vielen Zeichnungen und Fotos, kartoniert, **DM 12,80**
Golf. Ausrüstung – Technik – Regeln. (0343) Von J. Jessop, übersetzt von Heinz Biemer, mit einem Vorwort von H. Krings, Präsident des Deutschen Golf-Verbandes, 160 Seiten, 65 Abbildungen, Anhang der Golfregeln des DGV, kartoniert, **DM 14,80**

Bowling – in Perfektion – Sportbowling. (0350) Von Lou Belissimo, deutsch von Britta Zorn, 144 Seiten, mit 194 Abbildungen, kartoniert, **DM 9,80**
Fibel für Kegelfreunde. (0191) Von G. Bocsai, 80 Seiten, mit über 60 Abbildungen, kartoniert, **DM 4,80**
Segeln. Ein Anfängerkurs mit vielen Bildern. (0316) Von H. und L. Blasy, 112 Seiten, 92 Fotos und Abbildungen, kartoniert, **DM 6,80**
Segelsurfen. Handbuch für Grundschein und Praxis. (5028) Von Calle Schmidt, 64 Seiten, über 50 Abbildungen, durchgehend vierfarbig, Pappband, **DM 9,80**
Segeln. Boote, Manöver, Windsurfen. (5009) Von Horst Müller, 64 Seiten, 42 Farbabbildungen, Pappband, **DM 9,80**
Angeln. Kleine Fibel für den Sportfischer. (0198) Von E. Bondick, 96 Seiten, mit über 116 Abbildungen, kartoniert, **DM 5,80**
Sportfischen. Fische – Geräte – Technik. (0324) Von Helmut Oppel, 144 Seiten, mit 49 Fotos, Abbildungen und 8 Farbtafeln, kartoniert, **DM 8,80**
Reiten. Vom ersten Schritt zum Reiterglück. (5033) Von Herta F. Kraupa-Tuskany, 64 Seiten mit vielen Farbabbildungen und Zeichnungen, Pappband, **DM 12,80**
Skischule. Ausrüstung – Technik – Gymnastik. (0369) Von Christine und Richard Kerler, 128 Seiten mit 100 Fotos, kartoniert, **DM 7,80**
Skilanglauf für jedermann. Lernen – Üben – Anwenden. Ein Fernsehbegleitbuch. (5036) Von Prof. Heiner Brinkmann, Sporthochschule Köln, 116 Seiten mit 133 Fotos, kartoniert, **DM 9,80**
Schwimm mit! Anfängerkurs für Kinder und Eltern. Ein ZDF-Fernsehbegleitbuch. (5040) Von W. Günter Lingenau und Bärbel Vitt, 64 Seiten, 120 Abbildungen, kartoniert, mit Ringheftung, **DM 9,80**
Tauchen. Grundlagen – Training – Praxis. (0267) Von W. Freihen, 144 Seiten, 71 Fotos und Farbtafeln, kartoniert, **DM 9,80**
Handball. Technik – Taktik – Regeln. (0426) Von Fritz und Peter Hattig, 144 Seiten, 91 Fotos und Zeichnungen, kartoniert, **DM 9,80**

Tennis
Technik · Taktik · Regeln
(0375) Von Harald Elschenbroich, 112 Seiten, 81 Abbildungen, **DM 6,80**

Beliebte und neue Kegelspiele
(0271) Von Georg Bocsai, 92 Seiten, 62 Abbildungen, kartoniert, **DM 4,80**

Reiten im Bild
Dressur · Springen · Gelände
(0415) Von Ute Richter, 168 Seiten, 235 Abbildungen, 2 Zeichnungen, kartoniert, **DM 9,80**

BUDO

Illustriertes Handbuch des Taekwondo
Koreanische Kampfkunst und Selbstverteidigung
(4053) Von Konstantin Gil. 240 Seiten, 1.026 Abbildungen, gbd., **DM 28,–**

Kung Fu – Grundlagen, Technik mit 370 Fotos
(0367) Von Bruce Tegner, übersetzt von Albrecht Pflüger, 5. DAN Karate, 182 Seiten, kartoniert, **DM 14,80**

Judo – Grundlagen des Stand- und Bodenkampfes
(4013) Von W. Hofmann, 228 Seiten, 568 Fotos, 2-farbiger Einband, Großformat, gbd., **DM 28,–**

Jiu-Jitsu. (0065) Von B. Kressel, 84 Seiten, 85 Abbildungen, kartoniert, **DM 5,80**
Neue Kniffe und Griffe im Jiu-Jitsu/Judo. (0111) Von E. Rahn, 84 Seiten, 149 Fotos, kartoniert, **DM 5,80**
Ju-Jutsu – waffenlose Selbstverteidigung. Das Beste aus Judo, Karate, Aikido. (0276) Von W. Heim und F. J. Gresch, 156 Seiten, 460 Fotos, kartoniert, **DM 9,80**
Ju-Jutsu II. Für Fortgeschrittene und Meister. (0378) Von Werner Heim und Franz J. Gresch, 164 Seiten, 708 Abbildungen, kartoniert, **DM 16,80**
Judo. Grundlagen – Methodik. (0305) Von Mahito Ohgo, 204 Seiten, 1025 Fotos, kartoniert, **DM 14,80**
Judo. Go Kyo-Kampftechniken. (0352) Von Mahito Ohgo, 152 Seiten, 231 Abbildungen, kartoniert, **DM 16,80**
Karate I. Ein fernöstlicher Kampfsport. (0227) Von Albrecht Pflüger, 136 Seiten, 195 Fotos und Zeichnungen, kartoniert, **DM 9,80**
Karate II. (0239) Von Albrecht Pflüger, 160 Seiten, 452 Abbildungen, kartoniert, **DM 9,80**
Karate für alle. Karate-Selbstverteidigung in Bildern. (0314) Von Albrecht Pflüger, 112 Seiten, 356 Fotos, kartoniert, **DM 8,80**
Kontakt-Karate. Ausrüstung – Technik – Training. (0396) Von Albrecht Pflüger, 5. DAN Karate, 128 Seiten, 238 Fotos, kartoniert, **DM 12,80**
Karate für Frauen und Mädchen. Sport und Selbstverteidigung. (0425) Von Albrecht Pflüger, 168 Seiten, 259 Fotos, kartoniert, **DM 9,80**
Kung-Fu II. Theorie und Praxis klassischer und moderner Stile. (0376) Von Manfred Pabst, 160 Seiten, 330 Abbildungen, kartoniert, **DM 12,80**
Shaolin-Kempo – Kung-Fu. Chinesisches Karate im Drachenstil. (0395) Von Ronald Czerni und Klaus Konrad, 236 Seiten, 723 Abbildungen, kartoniert, **DM 16,80**
Shuriken · Tonfa · Sai. Stockfechten und andere bewaffnete Kampfsportarten aus Fernost. (0397) Von Andreas Schulz, 96 Seiten, 253 Fotos, kartoniert, **DM 12,80**
Sicher durch Selbstverteidigung. (0233) Von Albrecht Pflüger, 136 Seiten, 310 Fotos und Zeichnungen, kartoniert, **DM 7,80**
Nunchaku. Waffe und Sport – Selbstverteidigung. (0373) Von Albrecht Pflüger, 144 Seiten, 247 Abbildungen, kartoniert, **DM 16,80**
Aikido. Moderne japanische Selbstverteidigung. (0248) Von Gerd Wischnewski, 132 Seiten, 256 Abbildungen, kartoniert, **DM 9,80**
Taekwon-Do. Koreanischer Kampfsport. (0347) Von Konstantin Gil, 152 Seiten, 408 Abbildungen, kartoniert, **DM 12,80**
Kampfsport Fernost. Kung-Fu – Judo – Karate – Kendo – Aikido. (4108) Von Jim Wilson, deutsch von H.-J. Hesse, 88 Seiten, 164 farbige Abbildungen, Pappband, **DM 22,–**
Karate-Do. Das Handbuch des modernen Karate. (4028) Von Albrecht Pflüger, 360 Seiten, über 1159 Abbildungen, gebunden, **DM 28,–**
Budo-Lexikon. 1500 Fachausdrücke fernöstlicher Kampfsportarten. (0383) Von Herbert Velte, 138 Seiten, 95 Abbildungen, kartoniert, **DM 9,80**
Budo-Weisheiten – und praktische Ratschläge. (0408) Herausgegeben von Herbert Velte, 80 Seiten, 8 Zeichnungen, kartoniert, **DM 9,80**
Kendo. Japanisches Stockfechten. (0413) Von Peter Jagemann, 120 Seiten, 170 Abbildungen, kartoniert, **DM 14,80**
Neue Lehrmethoden der Judo-Praxis. (0424) Von Pierre Herrmann, 223 Seiten, 475 Abbildungen, kartoniert, **DM 16,80**
Bruce Lee. Sein Leben und Kampf. Von seiner Frau Linda. (0392) Deutsch von W. Nottrodt, 136 Seiten mit vielen Abbildungen, kartoniert, **DM 16,80**
Hap Ki Do. Grundlagen und Techniken koreanischer Selbstverteidigung. (0379) Von Kim Sou Bong, 120 Seiten, 153 Abbildungen, kartoniert, **DM 14,80**

FALKEN + OHARA
Ein Exklusivabkommen mit dem weltgrößten Budo-Verlag OHARA, USA, ermöglicht es Falken, diese wichtige Produktion nun auch in deutscher Sprache dem Interessierten zugänglich zu machen.

Bruce Lees Jeet Kune Do
(0440) Von Bruce Lee, übersetzt von Hans Jürgen Hesse, 208 Seiten, mit 105 eigenhändigen Zeichnungen von Bruce Lee, kartoniert, **DM 19,80**.

Dynamische Tritte. Grundlagen für den Freikampf. (0438) Von Chong Lee, übersetzt von Manfred Pabst, 96 Seiten, 398 Fotos, 10 Zeichnungen, kartoniert, **DM 9,80**

Fußwürfe für Judo, Karate und Selbstverteidigung. (0439) Von Hayward Nishioka, übersetzt von Hans Jürgen Hesse, 96 Seiten, 260 Abbildungen, kartoniert, **DM 9,80**

WISSEN UND TECHNIK

Indianer
(4106) Von Royal B. Hassrick, übersetzt von Friedrich Griese, 144 Seiten mit 200 Fotos, teils in Farbe, gbd., **DM 19,80**

Flugzeuge
(4024) Von E. Angelucci, deutsche Bearbeitung von Edouard Schartz, 288 Seiten, über die Hälfte drei- und vierfarbig, großer technischer Anhang, **DM 36,–**

Antiquitäten
(4105) Herausgegeben von Peter Philp, übersetzt von Britta Zorn, 144 Seiten, mit über 250 Abbildungen, davon 43 vierfarbig, gebunden, **DM 19,80**

Cowboys. (4107) Von Royal B. Hassrick, deutsch von R. Schastok, 141 Seiten, 160 Abbildungen, davon 46 farbig, gebunden, **DM 19,80**
Edelsteine und Mineralien. (4102) Von I. O. Evans, deutsch von K. F. Hasenclever, 128 Seiten, 136 Abbildungen, gebunden, **DM 19,80**
Lebensraum Erde. Menschen, Tiere, Pflanzen im Kampf ums Überleben. (4111) Von Malcolm Ross-Macdonald und Robert Allen, deutsche Bearbeitung und Ergänzung von Michael Geisthardt, 288 Seiten, 250 Farbfotos, gebunden mit Schutzumschlag, **DM 29,80**
Antiquitäten-(Ver)führer. Stilkunde – Wert – Echtheitsbestimmung. (5057) Von Margot Lutze, 128 Seiten, über 180 Abbildungen, durchgehend vierfarbig, Pappband, **DM 19,80**
Freizeit mit dem Mikroskop. (0291) Von Martin Deckart, 132 Seiten, 69 Fotos und 4 Zeichnungen, kartoniert, **DM 9,80**
Autoreport. Fahrtechnik und Fahrverhalten. (5058) Erarbeitet von der »Arbeitsgruppe Autoreport« unter Leitung von Klaus Schramböhmer, im Hause der Berolina-Film-TV, 71 Seiten, 113 Abbildungen, kartoniert, **DM 9,80**
Orientteppiche. Herkunft – Knüpfkunst – Echtheitsbestimmung. (5046) Von Horst Müller, 64 Seiten, 62 vierfarbige Abbildungen, Pappband, **DM 9,80**
1 × 1 des Fernsehens. Programm – Produktion – Technik. (0387) Von Bernhard von Watzdorf, 144 Seiten, mit zahlreichen Zeichnungen und Fotos, kartoniert, **DM 9,80**
Die schnellsten Motorräder der Welt. (4206) Von H. G. Isenberg und Dirk Maxeiner, 96 Seiten, 100 Farbabbildungen, Pappband, **DM 16,80**
Die schnellsten Autos der Welt. (4201) Von H. G. Isenberg und Dirk Maxeiner, 96 Seiten, 110 Abbildungen, überwiegend vierfarbig, Pappband, **DM 16,80**
Dampflokomotiven. (4204) Von Werner Jopp, 96 Seiten, 134 Farbabbildungen, Pappband, **DM 16,80**
Heiße Öfen. (5008) Von Horst Briel, 64 Seiten, 63 Farbabbildungen, Pappband, **DM 9,80**

PFLANZEN GARTEN TIERE

Pilze erkennen und benennen
(0380) Von J. Raithelhuber, 136 Seiten, 106 Farbfotos, kartoniert, **DM 9,80**

Beeren und Waldfrüchte erkennen und benennen – eßbar oder giftig?
(0401) Von Jörg Raithelhuber, 136 Seiten, 90 Farbfotos, 40 s/w, kartoniert, **DM 9,80**

Katzen
Rassen · Aufzucht · Pflege
(4109) Von Grace Pond und Elisabeth Towe, deutsch von D. von Buggenhagen, 144 Seiten mit über 100 Farbfotos, Pbd., **DM 16,80**

Alpenblumen
(4202) Von Kurt Blüchel, 96 Seiten mit 80 Abbildungen, durchgehend vierfarbig, Pbd., **DM 16,80**

Das Aquarium
Einrichtung, Pflege und Fische für Süß- und Meerwasser. (4029) Von Hans J. Mayland. 334 S. mit über 415 Farbabbildungen u. Farbtafeln sowie 150 Zeichnungen u. Skizzen, Balacron mit vierfarbigem Schutzumschlag, abwaschbare Polyleinprägung, **DM 36,–**

Die farbige Kräuterfibel. (0245) Von Ingrid Gabriel, 196 Seiten, 142 Abbildungen, davon 49 farbig, Taschenbuchformat, gebunden, **DM 12,80**
Großes Kräuter- und Gewürzbuch. (4026) Von Heinz Görz, 584 Seiten, 40 Farbtafeln und 152 Abbildungen, gebunden mit Schutzumschlag, **DM 28,–**
Das farbige Pilzbuch. (0215) Von K. und G. Kronberger, 132 Seiten, 105 farbige Abbildungen, gebunden, **DM 12,80**
Fibel für Kakteenfreunde. (0199) Von H. Herold, 92 Seiten, 8 Farbtafeln, kartoniert, **DM 6,80**
Kakteen. Herkunft, Anzucht, Pflege. (5021) Von Werner Hoffmann, 64 Seiten, 70 Abbildungen, durchgehend vierfarbig, Pappband, **DM 9,80**
Orchideen. Eigenart – Schnittblumen – Topfkultur – Pflege. (5038) Von Dr. Gustav Schoser, 64 Seiten, 75 Farbfotos, Pappband, **DM 9,80**
Zimmerpflanzen. (5010) Von Inge Manz, 64 Seiten, 98 Farbabbildungen, Pappband, **DM 9,80**
Frühbeet und Kleingewächshaus. (5055) Von Dr. Gustav Schoser, 64 Seiten, 43 Farbfotos, durchgehend vierfarbig, Pappband, **DM 9,80**
Balkons in Blütenpracht zu allen Jahreszeiten. (5047) Von Nikolaus Uhl, 64 Seiten, 82 vierfarbige Abbildungen, Pappband, **DM 9,80**
Blumenpracht im Garten. (5014) Von Inge Manz, 64 Seiten, 93 Abbildungen, durchgehend vierfarbig, Pappband, **DM 9,80**
Rosen. Arten – Pflanzung – Pflege. (5065) Von Inge Manz, 64 Seiten, 60 Farbfotos, 1 Zeichnung, Pappband, **DM 9,80**
Gemüse und Kräuter. Frisch und gesund aus eigenem Anbau. (5024) Von Mechthild Hahn, 64 Seiten, 71 Abbildungen, durchgehend vierfarbig, Pappband, **DM 9,80**
Gärtnern. (5004) Von Inge Manz, 64 Seiten, 38 Farbabbildungen, Pappband, **DM 9,80**
Reitpferde. Rassen – Haltung – Reitschule. (4110) Von Pamela McGregor und Hartley Edwards, deutsch von E. Schwarz, 144 Seiten, über 100 Farbfotos, Pappband, **DM 16,80**
Wildtiere Europas. (4104) Von Maurice Burton, deutsche Bearbeitung Michael Geisthardt, 172 Seiten, 230 Abbildungen, durchgehend vierfarbig, gebunden, **DM 24,–**
Tiernamen-ABC für Züchter und Tierfreunde. (0372) Von Hans Schiefelbein, 104 Seiten, kartoniert, **DM 7,80**
Das Süßwasser-Aquarium. Einrichtung – Pflege – Fische – Pflanzen. (0153) Von W. Baehr und H. J. Mayland, 132 Seiten, 163 Zeichnungen und 8 Farbtafeln, kartoniert, **DM 6,80**
Das Meerwasser-Aquarium. Einrichtung – Pflege – Fische und niedere Tiere. (0281) Von Hans J. Mayland, 146 Seiten, 258 Abbildungen, davon 30 farbig, kartoniert, **DM 9,80**
Aquarienpflanzen. Alles über den Unterwassergarten. (5032) Von Hans J. Mayland, 64 Seiten, über 100 Farbfotos und Zeichnungen, Pappband, **DM 14,80**
Aquarienfische des tropischen Süßwassers. (5003) Von Hans J. Mayland, 64 Seiten, 98 Farbabbildungen, Pappband, **DM 9,80**

Der Garten
Das moderne illustrierte Standardwerk (4044) Von Gerhard Bambach, unter Mitarbeit von Ulrich Kaiser, Wolfgang Velte und Joachim Zech, 826 Seiten mit über 800 Abbildungen und Gartenskizzen, teils vierfarbig, gebunden mit Schutzumschlag. **DM 39,–**

Ponys
Rassen, Haltung, Reiten (4205) Von Stefan Braun, 96 Seiten mit 84 Farbabbildungen, gebunden, **DM 16,80**

Großes Handbuch für den Haustierfreund
(4037) Von Diana von Buggenhagen unter Mitarbeit vieler namhafter Autoren, 464 Seiten mit vielen Fotos, Zeichnungen und Farbtafeln, gbd., **DM 29,80**

Amphibien und Reptilien im Terrarium. Lebensgewohnheiten – Arten – Pflege. (5056) Von Kurt Rimpp, 64 Seiten, 70 Farbabbildungen, 19 Zeichnungen, durchgehend vierfarbig, Pappband, **DM 9,80**
Die lieben Haustiere. (5023) Von Justus Pfaue, 92 Seiten mit vielen Abbildungen, kartoniert, **DM 12,80**
Das neue Hundebuch. (0009) Von W. Busack, überarbeitet von Dr. med. vet. A. Hacker, 104 Seiten, zahlreiche Abbildungen auf Kunstdrucktafeln, kartoniert, **DM 5,80**
Hunde-Ausbildung. Verhalten – Gehorsam – Abrichtung. (0346) Von Prof. Dr. R. Menzel, 96 Seiten, 18 Fotos, kartoniert, **DM 7,80**
Der deutsche Schäferhund. (0073) Von Dr. Hacker, 104 Seiten, 24 Abbildungen auf Kunstdrucktafeln, kartoniert, **DM 6,80**
Das neue Katzenbuch. Rassen – Aufzucht – Pflege. (0427) Von Brigitte Eilert-Overbeck, 128 Seiten, 14 Farbfotos und 26 schwarzweiß, kartoniert, **DM 7,80**
Vögel. Ein Beobachtungs- und Bestimmungsbuch. (0290) Von Dr. Winfried Potrykus, mit Zeichnungen von Ursula Grawert, 120 Seiten, 233 Abbildungen, davon 160 farbig, Pappband, **DM 12,80**
Ziervögel in Haus und Voliere. Arten – Verhalten – Pflege. (0377) Von Horst Bielfeld, 144 Seiten, 32 Farbfotos, kartoniert, **DM 9,80**

FORTBILDUNG UND BERUF

Maschinenschreiben durch Selbstunterricht Band 1. (0170) Von A. Fonfara, 84 Seiten mit vielen Abbildungen, kartoniert, **DM 4,80**
Maschinenschreiben durch Selbstunterricht Band 2. (0252) Von Hanns Kaus, 84 Seiten, kartoniert, **DM 4,80**
Stenografie – leicht gelernt. (0266) Von Hanns Kaus, 64 Seiten, kartoniert, **DM 5,80**
Rechnen aufgefrischt. (0100) Von H. Rausch, 108 Seiten, kartoniert, **DM 5,80**
Buchführung leicht gefaßt. (0127) Von R. Pohl, 104 Seiten, kartoniert, **DM 6,80**
Reden – diskutieren – verhandeln. (0272) Von Georg Bauer, 112 Seiten, kartoniert, **DM 7,80**
Aufgaben lösen und Spiele mit dem Taschenrechner. (5060) Von Peter Fleischhauer, Fernsehbegleitbuch, 120 Seiten, 55 Abbildungen und Zeichnungen, kartoniert, **DM 9,80**
Schülerlexikon der Mathematik. Formeln, Übungen und Begriffserklärungen für die Klassen 5–10. (0430) Von Robert Müller, 176 Seiten, 96 Zeichnungen, kartoniert, **DM 9,80**
Aufsätze besser schreiben. Förderkurs für die Klassen 4–10. (0429) Von Kurt Schreiner, 144 Seiten, 4 Fotos und 27 Zeichnungen, kartoniert, **DM 9,80**
Wie behandle ich meinen Chef? (5030) Von Dr. Bernd Gasch und Ulrike Hess, 88 Seiten mit Karikaturen, kartoniert, **DM 9,80**
Einmaleins der Demokratie im sozialen Verwaltungsstaat. (0407) Von Prof. Dr. Richard Bartlsperger, 128 Seiten mit Grafiken und Abbildungen, kartoniert, **DM 9,80**

ESSEN UND TRINKEN

Grillen – drinnen und draußen
(4032) Von C. Arius, 160 Seiten, 35 Farbabbildungen, Balacroneinband, geb., **DM 19,80**

Natursammlers Kochbuch
Wildfrüchte und -gemüse, Pilze. Kräuter – finden und zubereiten. (1040) Von Christa-Maria Kerler, 140 Seiten, 12 Farbtafeln, Pbd. mit vierfarbigem Überzug, **DM 19,80**

Alles mit Obst. Einkochen – Einlegen – Einfrieren. (0364) Von M. Hoff und B. Müller, 96 Seiten, 8 Farbtafeln, kartoniert, **DM 6,80**
Selbst Brotbacken mit über 50 erprobten Rezepten. (0370) Von Jens Schiermann, 80 Seiten, 6 Zeichnungen, 4 Farbtafeln, kartoniert, **DM 6,80**
Leckereien vom Spieß und Grill. (0169) Von J. Zadar, 80 Seiten, 13 Abbildungen, kartoniert, **DM 5,80**
Gesunde Kost aus dem Römertopf. (0442) Von Jutta Kramer, 128 Seiten, 8 Farbtafeln, 13 Zeichnungen, kartoniert, **DM 7,80**
88 köstliche Salate. (0222) Von Christine Schönherr, 104 Seiten, 8 Farbtafeln, kartoniert, **DM 6,80**
Miekes Kräuter- und Gewürzkochbuch. (0323) Von Irmgard Persy und Klaus Mieke, 96 Seiten, 8 Farbtafeln, kartoniert, **DM 6,80**
Garen im Herd. Rezepte für Brattöpfe. (0345) Von Eva Exner, 96 Seiten, 8 Farbtafeln, kartoniert, **DM 6,80**
Schnell gekocht – gut gekocht mit vielen Rezepten für Schnellkochtöpfe und Schnellbratpfannen. (0265) Von Irmgard Persy, 96 Seiten, 8 Farbtafeln, kartoniert, **DM 6,80**
Hobby-Kochbuch für Tiefkühlkost. Bunte TK-Fibel. (0302) Von Ruth Vollmer-Ruprecht, 104 Seiten, 8 Farbtafeln, kartoniert, **DM 6,80**
Soßen. Die Krönung der feinen Küche. (0357) Von Giovanni Cavestri, 100 Seiten, 14 Farbtafeln, kartoniert, **DM 8,80**
Einkochen nach allen Regeln der Kunst. (0405) Von Birgit Müller, 96 Seiten, 8 Farbtafeln, kartoniert, **DM 6,80**
Fritieren – neu – geruchlos, schmackhaft und gesund. (0365) Von Marianne Bormio, 96 Seiten, 8 Farbtafeln, kartoniert, **DM 6,80**

Großes Getränkebuch
Wein · Sekt · Bier und Spirituosen aus aller Welt, pur und gemixt.
(4039) Von Claus Arius, 288 Seiten mit Register, 179 teils großformatige Farbfotos, Balacron mit farbigem celloph. Schutzumschlag, Schuber, **DM 58,–**

Kalorien · Joule
Eiweiß · Fett · Kohlehydrate tabellarisch nach gebräuchlichen Mengen
(0374) Von Marianne Bormio, 88 Seiten, kartoniert, **DM 4,80**

Das neue Mikrowellen-Kochbuch. (0434) Von Hermann Neu, 64 Seiten, 4 Farbtafeln, kartoniert, **DM 5,80**
Rezepte rund um Raclette und Hobby-Rechaud. (0420) Von Jack W. Hochscheid, 72 Seiten, 8 Farbtafeln, kartoniert, **DM 7,80**
Die neue Grillküche. Garen und backen im Quarz-Grill. (0419) Von Marianne Bormio, 80 Seiten, 8 Farbtafeln, kartoniert, **DM 7,80**
Grillen mit dem Kontaktgrill. (0441) Von Birgit Müller, ca. 96 Seiten, 8 Farbtafeln, kartoniert, ca. **DM 7,80**
Alles mit Joghurt – tagfrisch selbst gemacht mit vielen Rezepten. (0382) Von Gerda Volz, 88 Seiten, 8 Farbtafeln, kartoniert, **DM 6,80**
Neue Cocktails und Drinks. Frisch gemixt und scharf geschüttelt. (0187) Von Chr. Taylor, 84 Seiten, 8 Zeichnungen, Pappband, **DM 8,80**
Cocktails und Mixereien. (0075) Von J. Walker, 104 Seiten, 25 Zeichnungen, kartoniert, **DM 5,80**
Tee für Genießer. (0356) Von Marianne Nicolin, 64 Seiten, 4 Farbtafeln, kartoniert, **DM 5,80**
Alles über Einkochen, Einlegen, Einfrieren. (4055) Von Birgit Müller, 152 Seiten, 15 Farbtafeln, in flexiblem Karton gebunden, **DM 7,80**
Max Inzingers 111 beste Rezepte. (4041) Von Max Inzinger, 124 Seiten, 35 Farbtafeln, kartoniert, **DM 19,80**
(4042) Gebundene Luxusausgabe mit Balacron und Goldprägung, **DM 26,–**

IDEAL ZUM SAMMELN UND VERSCHENKEN

Diese Bände aus der Reihe Falken farbig sind durchgehend vierfarbig gestaltet

Kalte Platten – Kalte Büffets
(5015) Von Margit Gutta, 64 Seiten, durchgehend vierfarbig mit 34 Farbabbildungen, Pbd., **DM 9,80**

Kalte und warme Vorspeisen
einfach · herzhaft · raffiniert
(5045) Von Karin Iden, 64 Seiten, 43 vierfarbige Abbildungen, Pbd.,
DM 9,80

Desserts
(5020) Von Margit Gutta, 64 Seiten mit 38 Abbildungen, durchgehend vierfarbig, Pbd., **DM 9,80**

Kuchen und Torten
(5067) Von Klaus Groth, 64 Seiten mit 42 Abbildungen, durchgehend vierfarbig, Pbd., **DM 9,80**

Kalte Happen
und Partysnacks
(5029) Von Dolly Peters, 64 Seiten, 35 vierfarbige Abbildungen, Pbd., **DM 9,80**

Chinesisch kochen
(5011) Von Karl-Heinz Haß, 64 Seiten, 33 Farbabbildungen, Pbd., **DM 9,80**

Deutsche Spezialitäten
(5025) Von R. Piwitt, 64 Seiten, 37 Abbildungen, durchgehend vierfarbig, Pbd., **DM 9,80**

Ostasiatische Küche
schmackhaft und bekömmlich
(5066) Von Taki Sozuki, 64 Seiten, mit 38 Abbildungen, durchgehend vierfarbig, Pbd., **DM 9,80**.

Italienische Küche
(5026) Von Margit Gutta, 64 Seiten, 33 Abbildungen, durchgehend vierfarbig, Pbd., **DM 9,80**

Französisch kochen
(5016) Von Margit Gutta, 64 Seiten, durchgehend vierfarbig mit 35 Farbabbildungen, Pbd., **DM 9,80**

Fischküche
kalt und warm · mild und herzhaft
(5052) Von Heidrun Gebhardt, 64 Seiten, 36 Abbildungen, durchgehend vierfarbig, Pbd., **DM 9,80**

Raffinierte Steaks
und andere Fleischgerichte
(5043) Von Gerhard Eckert, 64 Seiten, 37 vierfarbige Abbildungen, Pbd., **DM 9,80**

Geflügel. Die besten Rezepte aus aller Welt. (5050) Von Margit Gutta, 64 Seiten, 32 Abbildungen, durchgehend vierfarbig, Pappband, **DM 9,80**
Salate. (5002) Von Inge Zechmann, 64 Seiten, 47 Abbildungen, durchgehend vierfarbig, Pappband, **DM 9,80**
Der schön gedeckte Tisch. (5005) Von Rolf Stender, 64 Seiten, 60 Abbildungen, durchgehend vierfarbig, Pappband, **DM 9,80**
Grillen. (5001) Von Inge Zechmann, 64 Seiten, 38 Abbildungen, durchgehend vierfarbig, Pappband, **DM 9,80**
Am Tisch zubereitet. Flambieren – Fondue – Grill – Rechaud – Raclette. (5051) Von Marianne Nicolin, 64 Seiten, 34 Abbildungen, durchgehend vierfarbig, Pappband, **DM 9,80**
Spanische Küche. (5037) Von Margit Gutta, 64 Seiten, 35 Abbildungen, durchgehend vierfarbig, Pappband, **DM 9,80**
Mixen mit und ohne Alkohol. (5017) Von Holger Hofmann, 64 Seiten, 35 Abbildungen, durchgehend vierfarbig, Pappband, **DM 9,80**
Österreichische Küche. (5022) Von Helga Holzinger, 64 Seiten, 35 Abbildungen, durchgehend vierfarbig, Pappband, **DM 9,80**
Fondues. (5006) Von Eva Exner, 64 Seiten, 50 Abbildungen, durchgehend vierfarbig, Pappband, **DM 9,80**
Rund um den Rum Von der Feuerzangenbowle zum Karibiksteak. (5053) Von Holger Hofmann, 64 Seiten, 32 Abbildungen, durchgehend vierfarbig, Pappband, **DM 9,80**

GESUNDHEIT UND SCHÖNHEIT

Koch' mit Köpfchen
Iß das Richtige zum Schlankwerden
(0421) Von Max Inzinger, 92 Seiten, kartoniert, **DM 7,80**

Das große Hausbuch der Naturheilkunde
(4052) Von Gerhard Leibold, 386 Seiten, 18 Farbfotos und 8 schwarzweiß, 196 Zeichnungen, gebunden mit vierfarbigem Schutzumschlag, **DM 29,80**

Der praktische Hausarzt
(4011) Unter Mitarbeit zahlreicher Fachärzte, koordiniert von Dr. Eric Weiser, 718 Seiten, 487 Abbildungen und 16 Farbtafeln, **nur DM 19,80**

Computer-Menüs zum Schlankwerden. Die 1000-Kalorien-Kost aus dem Computer. (0317) Von Dr. Maria Wagner und Ulrike Schubert, 92 Seiten mit vielen Tabellen, kartoniert, **DM 6,80**
Rohkost – abwechslungsreich – schmackhaft – gesund. (5044) Von Ingrid Gabriel, 64 Seiten, 40 Abbildungen, durchgehend vierfarbig, Pappband, **DM 9,80**
Schonkost heute. Vollwertige Ernährung für Gesunde und Magen-Darm-Galle-Leber-Diät. (0360) Von Monika Oehlrich und Ulrike Schubert, 140 Seiten, 8 Farbtafeln, kartoniert, **DM 9,80**
Neue Rezepte für Diabetiker-Diät. Vollwertig – abwechslungsreich – kalorienarm. (0418) Von Monika Oehlrich, 120 Seiten, 8 Farbtafeln, kartoniert, **DM 9,80**
Fibel für Zuckerkranke. Wesen und Symptome der Krankheit, Behandlungsmethoden, Tabletten, Insulin, Diät. (0110) Von Dr. med. Th. Kantschew, 148 Seiten, Zeichnungen und Tabellen, kartoniert, **DM 7,80**
Die 11 erfolgreichsten Schlankheitskuren. (5035) Von Pia Pervensche, 64 Seiten, 36 Rezeptfotos, Pappband, **DM 9,80**
Die neue leckere Diätküche. (5034) Von Ulrike Schubert, 64 Seiten, 30 Rezeptfotos, Pappband, **DM 9,80**
Heilkräfte der Natur. (4203) Von Kurt Blüchel, 96 Seiten, 85 Abbildungen, durchgehend vierfarbig, Pappband, **DM 16,80**
Eigenbehandlung durch Akupressur. Heilwirkungen – Energielehre – Meridiane. (0417) Von Gerhard Leibold, 152 Seiten, 78 Abbildungen, kartoniert, **DM 9,80**
Gesund und fit durch Gymnastik. (0366) Von Hannelore Pilss-Samek, 132 Seiten, 150 Abbildungen, kartoniert, **DM 7,80**
Aqua-Rhythmik. Wasserübungen zum Fit- und Schlankwerden. (0416) Von Ilse Nolte-Heuritsch, 88 Seiten, 51 Abbildungen und Zeichnungen, kartoniert, **DM 7,80**
Yoga gegen Haltungsschäden und Rückenschmerzen. Krokodil-Übungen für jung und alt. (0394) Von Alois Raab, 104 Seiten, 215 Abbildungen, kartoniert, **DM 5,80**
Gesundheit und Spannkraft durch Yoga. (0321) Von Dr. Lothar Frank und Ursula Ebbers, 120 Seiten, 50 Fotos, kartoniert, **DM 6,80**
Yoga für jeden mit Kareen Zebroff. (0341) 142 Seiten, 135 Abbildungen, kartoniert, **DM 18,–**
Schön, schlank und fit mit Kareen Zebroff. (0371) 176 Seiten, 126 Abbildungen, kartoniert, **DM 20,–**
Yoga für Mütter und Kinder. (0349) Von Kareen Zebroff, 128 Seiten, 139 Abbildungen, kartoniert, **DM 18,–**

BRIEFSTELLER

Moderne Korrespondenz
(4014) Von H. Kirst und W. Manekeller, 570 Seiten, gebunden, **DM 39,–**
Durch bessere Briefe mehr Erfolg! Hier liegt der umfassende Ratgeber aus der Praxis für die Praxis unter Berücksichtigung aller Formen und DIN-Normen vor.
Mit diesem wertvollen Helfer wird jeder auf lange Sicht mehr zu leisten und mehr zu verdienen imstande sein.

Behördenkorrespondenz
Musterbriefe · Anträge · Einsprüche
(0412) Von Elisabeth Ruge, 120 Seiten, kartoniert, **DM 6,80**

Lebenslauf und Bewerbung
Beispiele für Inhalt, Form und Aufbau
(0428) Von Hans Friedrich, 112 Seiten, kartoniert, **DM 5,80**

Erfolgreiche Kaufmanns-Praxis
Wirtschaftliche Grundlagen, Geld, Kreditwesen, Steuern, Betriebsführung, Recht, EDV
(4046) Von Wolfgang Göhler, Herbert Gölz, Manfred Heibel, Dr. Detlev Machenheimer, mit einem Vorwort von Dr. Karl Obermayr, 544 Seiten, geb. mit Schutzumschlag, **DM 34,–**

Geschäftliche Briefe des Handwerkers und Kaufmanns. (0041) Von A. Römer, 96 Seiten, kartoniert, **DM 5,80**
Der neue Briefsteller. (0060) Von I. Wolter-Rosendorf, 112 Seiten, kartoniert, **DM 5,80**
Musterbriefe für alle Gelegenheiten. (0231) Herausgegeben von Olaf Fuhrmann, 248 Seiten, kartoniert, **DM 9,80**
Die erfolgreiche Bewerbung. (0173) Von W. Manekeller, 152 Seiten, kartoniert, **DM 8,80**
Erfolgreiche Bewerbungsbriefe und Bewerbungsformen. (0138) V. W. Manekeller, 88 Seiten, kartoniert, **DM 4,80**
Die Redekunst, Redetechnik, Rednererfolg. (0076) Von Kurt Wolter, überarbeitet von Dr. W. Tappe, 80 Seiten, kartoniert, **DM 4,80**
Großes Buch festlicher Reden und Ansprachen. (4009) Herausgegeben von F. Sicker, 468 Seiten, Lexikonformat, Ganzleinen, **DM 34,–**
Festreden und Vereinsreden. (0069) Von K. Lehnhoff, 72 Seiten, kartoniert, **DM 4,80**

GLÜCKWÜNSCHE

Rosen, Tulpen, Nelken . . .
Beliebte Verse fürs Poesiealbum
(0431) Von Waltraud Pröve, 96 Seiten mit Faksimile-Abbildungen, kartoniert, **DM 5,80**

Kindergedichte zur Grünen, Silbernen und Goldenen Hochzeit
(0318) Von Hans-Jürgen Winkler, 80 Seiten, kartoniert, **DM 4,80**

Glückwünsche, Toasts und Festreden zur Hochzeit. (0264) Von Irmgard Wolter, 88 Seiten, kartoniert, **DM 4,80**
Trinksprüche, Richtsprüche, Gästebuchverse. (0224) Von D. Kellermann, 80 Seiten, kartoniert, **DM 4,80**
Großes Buch der Glückwünsche. (0255) Herausgegeben von Olaf Fuhrmann, 240 Seiten, 64 Zeichnungen und viele Gestaltungsvorschläge, kartoniert, **DM 9,80**
Neue Glückwunschfibel für Groß und Klein. (0156) Von R. Christian-Hildebrandt, 96 Seiten, kartoniert, **DM 4,80**
Glückwunschverse für Kinder. (0277) Von B. Ulrici, 80 Seiten, kartoniert, **DM 4,80**
Verse fürs Poesiealbum. (0241) Von Irmgard Wolter, 96 Seiten, 20 Abbildungen, kartoniert, **DM 4,80**
Hochzeitszeitungen. Mit vielen Text- und Gestaltungsanregungen. (0288) Von Hans-Jürgen Winkler, 104 Seiten, 15 Abbildungen, 1 Musterzeitung, kartoniert, **DM 5,80**

DEUTSCH FÜR AUSLÄNDER

Deutsch – Ihre neue Sprache. Grundbuch. (0327) Von H. J. Demetz und J. M. Puente, 204 Seiten mit über 200 Abbildungen, kartoniert, **DM 14,80**
Deutsch – Ihre neue Sprache. Lehrerheft. (0328) Von H. J. Demetz und J. M. Puente, 48 Seiten, kartoniert, **DM 3,80**
Glossar **Italienisch.** (0329) Von H. J. Demetz und J. M. Puente, 62 Seiten, kartoniert, **DM 6,80**
Glossar **Spanisch.** (0330) Von H. J. Demetz und J. M. Puente, 62 Seiten, kartoniert, **DM 6,80**
Glossar **Serbo-kroatisch.** (0331) Von H. J. Demetz und J. M. Puente, 62 Seiten, kartoniert, **DM 6,80**
Glossar **Türkisch.** (0332) Von H. J. Demetz und J. M. Puente, 62 Seiten, kartoniert, **DM 6,80**
Glossar **Griechisch.** (0333) Von H. J. Demetz und J. M. Puente, 62 Seiten, kartoniert, **DM 6,80**
Glossar **Portugiesisch.** (0334) Von H. J. Demetz und J. M. Puente, 62 Seiten, kartoniert, **DM 6,80**
Glossar **Arabisch.** (0335) Von H. J. Demetz und J. M. Puente, 62 Seiten, kartoniert, **DM 6,80**
Glossar **Englisch.** (0336) Von H. J. Demetz und J. M. Puente, 62 Seiten, kartoniert, **DM 6,80**
Glossar **Französisch.** (0337) Von H J. Demetz und J. M. Puente, 62 Seiten, kartoniert, **DM 6,80**
Tonband 13 cm, 9,5 cm/sec., 91 Min., Doppelspur. (0338) **DM 89,–**
2 Compact-Cassetten, 90 Min., einspurig. (0339) **DM 36,–**
135 Diapositive, Texterschließung der Lerneinheiten I–X. (0340) **DM 180,–**

GESELLIGKEIT

Wir geben eine Party
(0192) Von R. Christian-Hildebrandt, 84 Seiten, 8 Kunstdrucktafeln, kartoniert, **DM 5,80**

Neue Spiele für Ihre Party
(2022) Von Gerda Blechner, mit vielen Zeichnungen von Fee Buttig, 120 Seiten, kartoniert, **DM 7,80**

Partytänze – Partyspiele
(5049) Von Wally Kaechele, 94 Seiten mit 104 Fotos, herausgegeben von der »tanz-illustrierten«, Pbd., **DM 12,80**

Die schönsten Volkslieder
(0432) Von Dietmar Walther, 128 Seiten, mit Notenbeispielen und Zeichnungen, kartoniert, **DM 4,80**

Tanzstunde
Die 11 Tänze des Welttanzprogramms
(5018) Von Gerd Hädrich, 120 Seiten, 372 Fotos und Schrittskizzen, Pbd., **DM 15,–**

Der gute Ton – ein moderner Knigge. (0063) Von I. Wolter, 156 Seiten, 36 Zeichnungen und 8 Tabellen mit 28 Abbildungen, kartoniert, **DM 7,80**
So feiert man Feste fröhlicher. (0098) Von Dr. Allos, 96 Seiten, 15 Abbildungen, kartoniert, **DM 5,80**

Tischkarten und Tischdekorationen. (5063) Von Gabriele Vocke, 64 Seiten, 79 Abbildungen, durchgehend vierfarbig, Pappband, **DM 9,80**
Lustige Tanzspiele und Scherztänze. (0165) Von E. Bäulke, 80 Seiten, 53 Abbildungen, kartoniert, **DM 4,80**
Wir lernen tanzen mit dem Ehepaar Fern. (0200) Von Ernst und Helga Fern, 168 Seiten, 125 Fotos und 46 Schrittdiagramme, kartoniert, **DM 8,80**
Wir lernen Modetänze mit dem Ehepaar Fern. (0249) Von E. Fern, 128 Seiten, 109 Fotos, kartoniert, **DM 7,80**
Tanzstunde 2. Figuren für Fortgeschrittene. (5027) Von Gerd Hädrich, 72 Seiten, 233 Abbildungen, Pappband, **DM 10,-**
Sing mit Fischer. (0422) Herausgegeben vom Freundeskreis der Fischer-Chöre, 176 Seiten, 16 Farbtafeln, kartoniert, **DM 9,80**

DENKSPORT

Der große Rätselknacker. (4022) Über 100 000 Rätselfragen, zusammengestellt von H. J. Winkler, 544 Seiten, Lexikonformat, kartoniert, **DM 19,80**
Großes Rätsel-ABC. (0246) Von H. Schiefelbein, 416 Seiten, gebunden, **DM 16,-**
Rätsel lösen – ein Vergnügen. (0182) Von E. Maier, 240 Seiten, kartoniert, **DM 9,80**
Quiz. (0129) Von R. Sautter, 96 Seiten, 50 Abbildungen, kartoniert, **DM 5,80**
Denksport und Schnickschnack für Tüftler und fixe Köpfe. (0362) Von Jürgen Barto, 100 Seiten, 45 Abbildungen, kartoniert, **DM 6,80**
Knobeleien und Denksport. (2019) Von Klas Rechberger, 142 Seiten mit vielen Zeichnungen, kartoniert, **DM 7,80**
Rate mal. Scherzfragen, Ratespiele und -geschichten. (2023) Von Felicitas Buttig, 112 Seiten, 19 Zeichnungen, kartoniert, **DM 6,80**

HUMOR

O frivol ist mir am Abend
Pikante Witze
von Fred Metzler
(0388) Von Fred Metzler,
128 Seiten mit Karikaturen
(Taschenbuchformat) kartoniert, **DM 6,80**

Die besten Ärztewitze
(0399) zusammengestellt
von Britta Zorn, 272 Seiten
mit 42 Karikaturen von Ulrich
Fleischhauer, mit vierfarbigem Schutzumschlag, gebunden, **DM 7,95**

Das große Buch der Witze
(0384) 320 Seiten, 36 Zeichnungen von E. Holz, vierfarbiger Schutzumschlag, gebunden, **DM 9,80**

Humoristischer Hausschatz
(3062) Von Wilhelm Busch,
368 Seiten, 1600 Abbildungen,
Großformat, gebunden,
DM 19,80

Die große Lachparade
(0188) Von E. Müller, 108
Seiten, kartoniert, **DM 6,80**

Rings um den Karneval
Karnevalsscherze und
Büttenreden
(0130) Von Dr. Allos, 136
Seiten, kartoniert, **DM 6,80**

Ostfriesen Allerlei. (0381) Von Timm Bruhns, 104 Seiten, Taschenbuchformat, kartoniert, **DM 4,80**
Ostfriesenwitze. (0285) Band 1: Onno Freese, 80 Seiten, 7 Karikaturen, kartoniert, **DM 3,–**
Ostfriesenwitze. (0286) Band 2: Enno van Rentjeborgh, 80 Seiten, 10 Karikaturen, kartoniert, **DM 3,–**
Die Rache der Ostfriesen. (0294) 80 Seiten, kartoniert, **DM 3,–**
Fred Metzlers Witze mit Pfiff. (0368) 120 Seiten, Taschenbuchformat, kartoniert, **DM 6,80**
Lachen, Witz und gute Laune. (0149) Von E. Müller, 104 Seiten, 44 Abbildungen, kartoniert, **DM 5,80**
Vergnügliches Vortragsbuch. (0091) Von J. Plaut, dem Altmeister des Humors, 192 Seiten, kartoniert, **DM 7,80**
Kritik des Herzens – Gedichte. (3032) Von Wilhelm Busch, 100 Seiten, gebunden, **DM 9,80**
Schein und Sein – Gedichte. (3034) Von Wilhelm Busch. 104 Seiten, gebunden, **DM 9,80**
Wilhelm-Busch-Album. Jubiläumsausgabe mit 1700 farbigen Bildern. (3028) 408 Seiten, 1700 durchgehend farbige Bilder, Großformat, in Leinen gebunden, **DM 36,–**
Häschen Witze. (0410) Gesammelt von Sigrid Utner, 80 Seiten, 16 Zeichnungen, broschiert, **DM 3,–**
Die neuesten Häschen Witze. (0411) Gesammelt von Sigrid Utner, 80 Seiten, 26 Zeichnungen, broschiert, **DM 3,–**
Fußball-Witze. (0443) Mit Witzen und Karikaturen von Wolfgang Willnat, 80 Seiten, 73 Zeichnungen, Querformat, kartoniert, **DM 3,–**
Robert Lembkes Witzauslese. (0325) Erzählt von Robert Lembke, 160 Seiten, mit 10 Zeichnungen von E. Köhler, gebunden mit vierfarbigem Schutzumschlag, **DM 14,80**
Lustige Vorträge für fröhliche Feiern, Sketsche, Vorträge und Conferencen für Karneval und fröhliche Feste. (0284) Von K. Lehnhoff, 96 Seiten, kartoniert, **DM 6,80**
Tolle Sachen zum Schmunzeln und Lachen. (0163) Von E. Müller, 92 Seiten, kartoniert, **DM 6,80**
Humor für jedes Ohr. (0157) Von H. Ehnle, 96 Seiten, kartoniert, **DM 6,80**
Fidelitas und Trallala. (0120) Von Dr. Allos, 104 Seiten, viele Abbildungen, kartoniert, **DM 6,80**
Sketsche. (0247) Von Margarete Gering, 132 Seiten, 16 Abbildungen, kartoniert, **DM 6,80**
Narren in der Bütt. (0216) Zusammengestellt von Th. Lücker, 112 Seiten, kartoniert, **DM 5,80**
Helau + Alaaf. Närrisches aus der Bütt. (0304) Von Erich Müller, 112 Seiten, kartoniert, **DM 6,80**
Damen in der Bütt. Scherze, Büttenreden, Sketsche. (0354) Von Traudi Müller, 136 Seiten, kartoniert, **DM 6,80**

SPIELEN

Kartenspiele
(2001) Von Claus D. Grupp,
144 Seiten, kartoniert,
DM 7,80

Spielen mit Rudi Carrell
113 Spiele für Party und
Familie
(2014) Von Rudi Carrell,
160 Seiten mit 50 Abbildungen, gebunden, **DM 14,80**

Zaubern
einfach – aber verblüffend
(2018) Von Dieter Bouch,
84 Seiten mit Zeichnungen,
kartoniert, **DM 5,80**

Spieltechnik im Bridge. (2004) Von Victor Mollo/Nico Gardener, deutsche Adaption von Dirk Schröder, 216 Seiten, kartoniert, **DM 16,80**
Spielend Bridge lernen. (2012) Von Josef Weiss, 108 Seiten, kartoniert, **DM 7,80**
Neues Buch der Kartenspiele. (0095) Von K. Lichtwitz, 84 Seiten, kartoniert, **DM 4,80**
Das Skatspiel. (0206) Von K. Lehnhoff, bearbeitet von Alt-Skatmeister P. A. Höfges, 96 Seiten, kartoniert, **DM 5,80**
Alles über Skat (2005) Von Günter Kirschbach, 144 Seiten, kartoniert, **DM 7,80**
Patiencen in Wort und Bild. (2003) Von Irmgard Wolter, 136 Seiten, kartoniert, **DM 7,80**
Schafkopf, Doppelkopf, Binokel, Cego, Gaigel, Jaß, Tarock und andere. (2015) Von Claus D. Grupp, 152 Seiten, kartoniert, **DM 8,80**
Backgammon für Anfänger und Könner. (2008) Von G. W. Fink und G. Fuchs, 116 Seiten, 41 Zeichnungen, kartoniert, **DM 9,80**
Gesellschaftsspiele für drinnen und draußen. (2006) Von Heinz Görz, 128 Seiten, kartoniert, **DM 6,80**
Würfelspiele. (2007) Von Friedrich Pruss, 112 Seiten, kartoniert, **DM 6,80**
Mini-Spiele für unterwegs und überall. (2016) Von Irmgard Wolter, 152 Seiten, kartoniert, **DM 9,80**
Spiele für Theke und Stammtisch. (2021) Von Claus D. Grupp, 104 Seiten, 27 Zeichnungen, kartoniert, **DM 6,80**
Kartentricks. (2010) Von T. A. Rosee, 80 Seiten, 13 Zeichnungen, kartoniert, **DM 5,80**
Zaubertricks. Das große Buch der Magie. (0282) Von Jochen Zmeck, 244 Seiten, 113 Abbildungen, kartoniert, **DM 12,80**
Roulette richtig gespielt. (0121) Von M. Jung, 96 Seiten, zahlreiche Tabellen, kartoniert, **DM 6,80**
Glücksspiele mit Kugeln, Würfeln und Karten. (2013) Von Claus D. Grupp, 116 Seiten, kartoniert, **DM 7,80**
Das Schachspiel. (0104) Von W. Wollenschläger, 72 Seiten, 65 Diagramme, kartoniert, **DM 4,80**
Schach für Fortgeschrittene. Taktik und Probleme des Schachspiels. (0219) Von R. Teschner, 96 Seiten, 85 Schachdiagramme, kartoniert, **DM 5,80**
Spielend Schach lernen. (2002) Von Theo Schuster, 128 Seiten, kartoniert, **DM 6,80**
Alles über Pokern. Regeln und Tricks. (2024) Von Claus D. Grupp, 120 Seiten, 29 Kartenbilder, kartoniert, **DM 6,80**

Wir spielen
Hunderte Spiele für einen und viele
(4034) Von Heinz Görz, 430 Seiten mit 370 farbigen Zeichnungen, gbd., **DM 26,–**

Schach dem Weltmeister Karpow
(0433) Von Theodor Schuster, 136 Seiten, 19 Abbildungen und 83 Diagramme, kartoniert, **DM 12,80**

Schach
Das Handbuch für Anfänger und Könner
(4051) Von Theo Schuster, 360 Seiten mit über 340 Diagrammen, gbd., mit Schutzumschlag, **DM 26,–**

KINDERBESCHÄFTIGUNG

Ingeborg Rathmann

Zeitgemäße Beschäftigung mit Kindern

Zeitgemäße Beschäftigung mit Kindern
(4025) Von Ingeborg Rathmann, 496 Seiten, 450 Abbildungen, 16 Farbtafeln, gbd., **DM 29,80**

Kinderfeste daheim und in Gruppen
(4033) Von Gerda Blecher, 240 Seiten, 320 Abbildungen, Balacroneinband, gbd., **DM 19,80**

Spiele für Kleinkinder. (2011) Von Dieter Kellermann, 80 Seiten, kartoniert, **DM 5,80**
Kinderspiele, die Spaß machen. (2009) Von Helen Müller-Stein, 112 Seiten, 28 Abbildungen, kartoniert, **DM 6,80**
Kindergeburtstag. Einladung – Vorbereitung – Ablauf. Mit vielen Spiel- und Beschäftigungsvorschlägen. (0207) Von Dr. Ilse Obrig, 104 Seiten, 40 Abbildungen, 11 Zeichnungen, 9 Lieder mit Noten, kartoniert, **DM 5,80**
Tipps und Tapps. Maschinenschreib-Fibel für Kinder. (0274) Von H. Kaus, 48 Seiten, farbige Abbildungen, kartoniert, **DM 4,80**
Lirum, Larum, Löffelstiel. Ein Kinder-Kochkurs. (5007) Von Ingeborg Becker, 64 Seiten mit Abbildungen, durchgehend vierfarbig, Spiralheftung, **DM 7,80**
Zeichnen lernen mit OSKAR. Kleines Tier-ABC von Affe–Zebra. (5054) Von OSKAR, 64 Seiten, 60 Abbildungen, durchgehend zweifarbig, kartoniert, **DM 5,80**

RAT & WISSEN FÜR DIE GANZE FAMILIE

Von der Verlobung zur Goldenen Hochzeit
Vorbereitung · Festgestaltung · Glückwünsche
(0393) Von Elisabeth Ruge, 120 Seiten, kartoniert,
DM 6,80

Die 12 Sternzeichen
Charakter, Liebe und Schicksal
(0385) Von Georg Haddenbach, 160 Seiten, Pbd.,
DM 9,80

Erbrecht und Testament
mit Erbschaftssteuergesetz 1974
(0046) Von Dr. jur. H. Wandrey, 112 Seiten, kartoniert,
DM 6,80

Wie soll es heißen? (0211) Von Dr. Köhr, 88 Seiten, kartoniert, **DM 4,80**
Vorbereitung auf die Geburt. Schwangerschaftsgymnastik, Atmung, Rückbildungsgymnastik. (0251) Von Sabine Buchholz, 112 Seiten, 98 Fotos, kartoniert, **DM 6,80**
Ich bekomme ein Kind. (4003) Von Ursula Klamroth und Wibke Bruhns, unter Mitarbeit mehrerer Fachärzte, 268 Seiten, 92 Abbildungen und 29 Grafiken, gebunden mit vierfarbigem Schutzumschlag, **DM 18,–**
Dr. Marianne Röhls **Sexualberatung.** (0402) Ca. 176 Seiten, 8 Farbtafeln, Zeichnungen, Pappband, ca. **DM 16,80**
Scheidung und Unterhalt nach dem neuen Eherecht. (0403) Von Rechtsanwalt H. T. Drewes, 104 Seiten mit Kosten- und Unterhaltstabellen, kartoniert, **DM 7,80**
Handbuch für den perfekten Haushalt. 1000 bewährte Tips und Kniffe. (4036) Von Vicky Baldner, 348 Seiten, durchgehend zweifarbig gedruckt, 109 Zeichnungen, gebunden mit vierfarbigem Schutzumschlag, **DM 29,80**
Umgangsformen heute. Die Empfehlungen des Fachausschusses für Umgangsformen. (4015) 312 Seiten, 167 Fotos und 44 Abbildungen, gebunden mit vierfarbigem Schutzumschlag, **DM 24,–**
Selbst Wahrsagen mit Karten. Die Zukunft in Liebe, Beruf und Finanzen. (0404) Von Rhea Koch, 112 Seiten mit vielen Abbildungen, Pappband, **DM 9,80**
Die 12 Tierzeichen im chinesischen Horoskop. (0423) Von Georg Haddenbach, 112 Seiten, kartoniert, **DM 5,80**

BESTELLSCHEIN
(Bitte ausschneiden und als Briefdrucksache frankiert im Umschlag einsenden).
Ich bestelle hiermit aus dem Falken-Verlag, Postfach 1120, 6272 Niedernhausen/Ts., durch die Buchhandlung:

_____ Ex. _____
_____ Ex. _____
_____ Ex. _____
_____ Ex. _____
_____ Ex. _____

Name: _____
Straße: _____ Ort: _____
Datum: _____ Unterschrift: _____